卡耐基全集

魅力口才与技巧

（美）戴尔·卡耐基 著　舞 阳 译

煤炭工业出版社

·北 京·

图书在版编目（CIP）数据

卡耐基全集．魅力口才与技巧／（美）戴尔·卡耐基著；舞阳译．--北京：煤炭工业出版社，2019

ISBN 978-7-5020-7419-7

Ⅰ．①卡…　Ⅱ．①戴…　②舞…　Ⅲ．①成功心理—通俗读物　②口才学—通俗读物　Ⅳ．①B848.4-49　②H019-49

中国版本图书馆CIP数据核字（2019）第059498号

卡耐基全集　魅力口才与技巧

著　　者　（美）戴尔·卡耐基
译　　者　舞　阳
责任编辑　马明仁
封面设计　艺和天下

出版发行　煤炭工业出版社（北京市朝阳区芍药居35号　100029）
电　　话　010-84657898（总编室）　010-84657880（读者服务部）
网　　址　www.cciph.com.cn
印　　刷　三河市金轩印务有限公司
经　　销　全国新华书店

开　　本　850mm×1168mm 1/32　**印张**　6　**字数**　150千字
版　　次　2019年8月第1版　2019年8月第1次印刷
社内编号　20181627　　**定价**　30.00元

P前 言
REFACE

戴尔·卡耐基（1888—1955），20世纪最伟大的心灵导师，美国著名演讲家、作家，公共演说与个性发展心理学领域先驱。他于1888年11月24日出生于密苏里一个贫穷农民家庭，高中和大学期间就积极加入辩论俱乐部。他从华伦斯堡州立师范学院毕业后，在内布拉斯加当过推销员，到纽约当过演员，后成为美国青年基督教协会的一名讲师，讲授公共演说课程，从此成为成人教育运动的积极推动者和主导者。

戴尔·卡耐基利用大量普通人不断努力取得成功的故事，通过演讲和著述唤起无数陷入迷惘者的斗志，激励他们取得辉煌的成就。卡耐基在实践的基础上撰写而成的著作，是20世纪最畅销的成功励志经典。卡耐基主要代表作有：《人性的弱点》《人性的优点》《成功之道》《女性的智慧》《人际交往心理学》《魅力口才与技巧》。这些书出版之后，立即风靡全球，先后被译成几十种文字，被誉为“人类出版史上的奇迹”。他一生致力于人性问题的研究，运用心理学和社会学知识，对人类共同的心理特点进行探索和分析，开创并发展出一套独特的融演讲、推销、为人处世、智能开发为一体的成人教育方式。

这些书与卡耐基的成人教育实践相辅相成，将卡耐基的人生智慧传播到世界各地，影响了千千万万人的思想和心态，激发了他们对生命的无限热忱与信心，使他们勇敢地面对现实中的困难，追求自己充实美好的人生。

《魅力口才与技巧》是卡耐基最早的作品之一。最初的版本是1926年他根据自己讲授演讲课程的心得体会和学员的学习经验写的一本名为《公开演讲：企业人士的实用课程》的教科书。经过多次修订，于1931年以《魅力口才与技巧》为名正式出版发行。它的出版，在人类出版史上创造了一个奇迹——10年之内就发行了2000多万册，远远超过同期《圣经》的发行量，而且被译成了几十种文字，成为世界上最受推崇的“语言教科书”。它促使人们努力向前，挑战自我，激发了人们追求人生理想、实现自我价值的坚定信念。无论从事何种工作的人，如果能按照本书介绍的基本方法去做，都能获得意想不到的收益。

良好的口才、融洽的人际关系、积极的心态是人们事业成功与生活幸福的重要因素。本书根据卡耐基演讲课堂培训资料整理而成，详细地介绍了克服恐惧、建立自信的方法，阐述了演讲口才的方法和技巧等内容。本书适合渴望具有良好口才的人们阅读。

目 录
CONTENTS

第三章 说话的学问

第一章 有益说话的基本原则

从一个人的说话中，能够看出他所受教育的程度，或者是否受过良好的训练。（卡耐基语录）

如果你把精神集中在你的听众以及你所要说的话，你根本就忘记了自己，你的姿势、声音等，也就不会出错误。

（卡耐基语录）

第一节 驾驭你的语言

语言的迷人之处在于她是一种交流的工具以及她本身所具有的快感，所以人们对绝妙口语的迷信与崇拜是不言而喻的。

（卡耐基语录）

在说话之前，我们应当先仔细考虑说话时的态度以及如何连贯自己的思想等问题，这并不是一件毫无意义的事情。

（卡耐基语录）

绝大多数成功的人，都是本着自己朴实的本性生活，在人生舞台上，表演他们自己的举止，绝不刻意去模仿他人或假扮别人。（卡耐基语录）

语言作为人类的财富，首先体现在作为交流工具这层意义上。对那些不善于使用这种工具、不懂得如何交流的人，语言的价值就打了折扣。“语言”没有固定的角色。不要因为你是教师或所谓的知识分子说话就要流露出酸味来；也不要由于你是工人、农民就一定要讲粗话。在“语言”的层面上，人是绝对自由的，没有年龄、性别、高低、贵贱之分。

说话的技巧，无论是对蓝领阶层，还是对白领阶层或身价百万的演艺人、艺术家都是一样的。

语言的迷人之处不仅在于她是一种交流工具，还在于她本身就具有快感，所以人们对绝妙口语的迷信和崇拜是不言而喻的。把握语言，驾驭你的谈吐，将会给你带来快乐和机会。

相反，谈吐上的不足可能会导致你失业或者砸了你一笔生意，甚至能把一个国际会议搅得不欢而散。至于由于语言摩擦搞得夫妻离异的事情就更是屡见不鲜了。

人们常常根据你的谈吐来决定是否聘任你，是否拥戴你做他们的领导或推举你当他们的代表。它甚至能影响人们是否下决心购买你推销的商品，是否愿意邀请你到家中做客并进一步和你交往。

即使你的思想像星星一样闪闪发光，即使你替公司出谋划策，即使你的头脑里充满了有关艺术、体育、地质、音乐和电脑等方面的渊博知识，但这一切都无法使你免遭语言障碍的困扰。除非你能引起人们的注意，优雅亲切地与人交谈、沟通，否则没有人会愿意听你说完你的见解。

语言出现障碍或表达能力欠缺，至少会叫人低估你，甚至会导致有关你的流言蜚语无情地传播，进而毁坏你的形象。

语言障碍有各种各样：有的就像令人不满的外貌，需要整形外科手术矫正；有的只需要像改旧衣服一样略加修整；有的则像松弛的腹部，需要把它收紧；还有的就像修理汽车一样，需要更换零件，或者像弹簧要上一点油来润滑；另外一些人的毛病则很像小男孩的脏面孔，需要用热水、肥皂使劲擦洗一下才行。

对于渴望在商业上获得成功的人，非常重要的是谈话时的自信以及语言表达的准确性和说服力。商业界人士首先要推销的就是他自己。从申请第一项工作的晤谈，到作为成功者发表演讲，在这漫长的征途中，他必须不停地说服别人。

如果你打算经商，那么你的谈吐形象，包括容貌、声音，有时是决定你成功与否的关键。

近几十年来，情况又有了新的变化。一个企业家的言行不仅会被人听到，也会被人看到。过去他与外地同行洽谈生意时，可能是利用电话；现在也许使用闭路电视系统，甚至连办公室的会议也常常利用电视系统，因此这样一来交谈双方谁也不需要离开自己的岗位。

可见，运用语言准确地表现自我，可能将成为你事业成功的关键。

准确地运用语言表现自我，就是我们常说的口才。有才干并有口才的人，成功的希望将会更大。因为他的才干可以从言语谈吐之间充分地表露出来，使对方能更进一步地了解他，并且信任他，才敢给予他重任。

有口才的人，他的人生将会丰富多彩，由于他可以凭借自己驾驭谈吐的能力，给自己创造融洽的环境、一片任其驰骋的天空。

1. 有效地准备

说话的方法可以决定人们彼此间的评价，以及洽谈事情的成功与否。因此我们可以说，不论你所从事的工作是何种性质，与人说话的方法都是影响事业成功的关键之一。

说话的内容固然重要，但是别人的评价，我们给人的印象如何，以及人们彼此之间的接触与联系，全靠说话的方法而定。

我们知道，同样的一件事情常有种种不同的表现方式，诸如它所影射的含意，它的细微差异，以及说话时我们应表现多少热诚等，这些都是值得我们注意的。因此，在说话之前，我们应该先仔细考虑说话时应具备的态度以及如何连贯自己的思维等问题，这并不是一件浪费时间而且毫无意义的事情。

说话的方法可以决定我们是否能把该强调的重点明确地表达出来。有时我们轻松自如地说话，也能把重点强调出来；或者心平气和地说话，也一样能留给对方深刻的印象；有时甚至我们的态度近似保守和畏缩，却能充分地表达我们的意愿。这种种让人意料不到的结果，都是因为我们说话时的心情毫无保留地表露在交谈之中。如果我们能够始终保持愉快的心情来与任何人交往，就定能深受人们的好评。反之，如果说话时喜欢装模作样、骄纵蛮横，别人一定认为你是自命不凡、优越感太强的人；如果说话时话中带刺，具有强烈的攻击性，那么你一定会遭到别人的极端厌恶。

总之，一个善于与人和睦相处的人，工作成绩也一定是优异的。看看那些有所成就的人，几乎每一个都具有能与任何人融洽相处的优点。也就是说，他们不论和谁说话，都可以使对方专心致志地聆听，以至完全被他的人品和思想所吸引。说话要有脉络和清晰的条理，这是不容忽视的重要问题。这样，不但能使工作能力从中表现出来，其他有关自己的诸如受教育程度、知识水准、业余爱好以及对当前问题的分析能力等，也能从中一一显露出来。

懂得说话的技巧，我们就能判断自己的想法是否合情合理，同时也能让别人对我们有一个深刻的印象。如此日积月累，自然能在人群中树立起自己良好的声誉，这和我们事业的成败有着密不可分的关系。

花些时间去锻炼我们的“讲话辞藻”，思考怎样充实我们的语言，如何丰富表达的意思，如何使讲话准确清晰。坚持下去，你会发现离自己的目标越来越近。

2. 有效地表达

语言作为交流的工具，最讲究的就是有效地表达，不管你出于怎样的目的，肯定都不希望没有效果，甚至想达到理想的效果。

说话的目的有四：①引起听众行动；②提供知识或讯息；③引起共鸣，感动和了解；④让听众感到快乐。

成功的交际，以及成功的演讲，要想取得感人的效果，应该是能认清自己的目的，知道用啥方法达到目的。

大概来讲有效地表达的方法应该是：

（1）找对了目标。

（2）使听众对你的话题感兴趣。

（3）自己首先要激起对话题的热情火焰。

（4）内容和自我感觉一致。

（5）有由自信支持的诚恳的表现。

（6）语言生动亲切、传达内心的感情。

（7）不压抑真正的情感。

（8）感情的产生作用。

（9）热情的表现。

（10）将听众关心的事物编入话题。

（11）地方性的特殊方言。

（12）意识到人们所关心的事都与自身相关。

（13）做出正确、诚恳的评价。

（14）确定你和听众的共同点。

（15）与听众建立清楚的关系。

（16）在演讲时要使用听众的名字。

（17）用“我们”来称呼。

（18）让听众产生温暖感。

（19）让听众扮演一定的角色。

（20）不轻易质问。

（21）采取低姿态。

（22）不要自以为清高。

（23）利用人性的弱点。

对听众展示你的优越感，必然会遭到别人的反感，而被冷眼相待。在别人面前发表言论，你就仿佛是陈列在橱窗中的商品一样。你的各种人格层面，都将一览无余地呈现在别人面前。若在演讲时，带了一点点的骄傲之心，都会带来严重的后果。

我们本身不可能是一个人格完美的人，而且没有表演的天才，能引起听众发噱。你表达自己时，真情流露，会令听众对你产生好感及尊敬。

3. 恰当的态度

说话时的态度，可以直接影响别人对你的看法。例如，你是一个冷漠无情的人，还是一个乐观活泼的人；你是一个自暴自弃的人，还是一个诚实向上的人；你是一个漫不经心的人，还是一个小心谨慎的人，等等，都能从你的言谈举止中表露出来。

骄横的说话态度容易激起别人的反感；低声下气又会被人讥为懦弱，没有骨气。因此，说话时只有站在与对方相同的地位，以民主的方式相互交换思想和意见，才是一种适中的说话技巧。

但是，一个擅长说话的人，是不会被形式所拘束的。他既不采取说教的方式，也不以炫耀自己的方式来交谈。他能做到使每一个和他说过话的人，都认为他是最理想的交谈对象。他的态度始终是那么坦然，一方面能接受别人的忠告，另一方面也能给予别人以启发。这种人不论在什么场合都能获得别人友好的对待，并且还给予他很高的评价。

当然，如果这种人还具有高度的工作能力的话，那么他的成功是毋庸置疑的。

查尔斯公司的一位总经理说过："之所以要讲究说话的技巧，是因为许多人常常不加思考就信口开河，因而导致种种的不良后果。"他还说："为了达到目的，说话时必须力求简单明了而且有说服力。但最重要的是，该说就说，不该说则不说，而且不了解的事也不该说。甚至突然想起的话题，也应该尽量避免向朋友提及。"

4. 巧妙地攀谈

说话时，如果你能谈到使对方感兴趣的事情，就表明你已经很巧妙地吸引了对方。此时，你再以问询的方式诱导对方谈论有关他个人的生活习惯、经验、愿望和兴趣等方面的问题。如果对方对你的问题有兴趣，自然愿意叙述自己的一切，还会因为你表示出的关怀而开怀畅谈，甚至对你表示出崇敬之意。

美国纽约市凤凰人寿保险公司的代理商哈利·N.赫歇尔先生曾说过：在他的日常生活中，他觉得最感兴趣，也是最有意义的一件事就是跟别人交谈。为此，他细述道："经常有人来向我请教，问我如何与在吃午餐时所碰到的人，或者在旅馆门口以及旅行车上遇到的人说话。我对他们说，在双方互通一些例行的客套话之后，我们可以客气地问对方：'非常冒昧，可以问你从事哪一种职业吗？'如果对方乐意回答，便可以进一步地问他：'可以告诉我，究竟是什么原因促使你从事那种职业吗？'关于这个问题，十有八九的人都回答：'唉！说来话长……'这么一来，我们不就很自然地成了他的听众了吗？而对方因为有人听他讲话，自然会侃侃而谈了。"

5. 建立自己的风格

有许多人喜欢模仿那些成功者的言行，以吸取别人的经验，来弥补自己的不足。但是，把别人的言行和经验全部模仿过来，恐怕是无法行得通的，甚至有可能由此而坏了自己的名声。

因此，我们每一个人都应该树立自信心，否则就无法塑造自身的形象，或是建立属于自身的良好名声。

美国纽约铁路快速代理公司的副总经理金赛·N.莫里特先

生，曾提到一位在礼仪、温厚、诚实等各方面都比别人更有修养的人。莫里特先生曾对这个人说过这样的话："二十多年来，我接触过并且和他们谈过话的人何止数千！但是，每一回我都以自己的本来面目和他们说话，我绝不模仿任何人。因此，我才能获得成功，而且当时我说的话也最具有说服力。"

绝大多数成功的人，他们都是本着自己朴实的本性生活，在人生舞台上，所表演的完全是他们自己的举止，绝不刻意去模仿他人或假扮别人。他们始终埋头工作，谦虚谨慎。他们非但不炫耀自己，也绝不摆出一副大人物的架子来，反而像普通人一样诚实上进、虚心好学。最重要的一点是，他们从不自以为是天才，他们只需要一个最适合自己工作的场所，然后努力工作使自己成为令人尊敬的人。

你知道有所成就的人，他们所恪守的法则是啥吗？现将这些法则简述如下：

（1）态度自然。绝不玩弄过分勉强的技巧。

（2）言而有信。没有根据的话绝对不说。能够建立这方面的名声，就能取得大家的信赖。

（3）说话简明扼要。只说自己想说的话，绝不添油加醋、故弄玄虚。

（4）处事公平。即使对方的意见和自己不一致，也应该宽宏大量。

（5）运用机智。没有一件事不能以合乎礼仪的态度说出来，当然更没有不以无礼的态度就不能说出来的事。因此，必须因时因地选择适当的语言。这样一来，尊敬你的人定会与日俱增。

6. 话多不如话好

一个有学问而没有口才的人，和人交流时也会难于应对，这样会在无形中损失不少东西。往往有许多人，在繁忙的人事交往中，觉得别人说的话对自己似乎是一种威胁。实际上，他是感到自己的口才不如别人而已。

少数人的口才可以说是来源于天赋，但多数人的口才却是由于勤于训练。一个人不敢当众说话，最大的原因是惧怕心理。我们要使自己成为一个活跃的人，使自己能获得成功，关键在于训练自己的口才。自己理由充分，而别人净讲歪理，但因为自己的口才拙劣，反而被别人辩得无地自容，这样的事例很多。《三国演义》中诸葛亮“舌战群儒”和“骂死王郎”是两个著名的口才争辩情节。我们虽然并不想去做辩士和说客，但我们必须明白，一个人的一生，离不开语言。

我们话说得好，小则可以修身，大则可以兴国；我们话说得不好，小则可以招怨，大则可以坏事。所以古人说：“一言可以兴邦，一言可以丧邦。”这话真是切中利害。所以，我们说话，一定要谨慎。俗话说“祸从口出”，你如果说话不当心，招人之怨，那是难免的。“金人三缄其口”，意思就是告诉大家说话要谨慎。可是，我们缄口不言，事实上是做不到的。所以我们说话的时候，唯有留心、谨慎而已。

话说得越多，出毛病的机会也就越多。大智若愚，有学问的人不会乱说话，只有胸无点墨的人才喜欢大吹大擂。“宁可把嘴巴闭起来，使人怀疑你的浅薄，也不要一开口就叫人证实你的浅薄。”这是一句值得大家牢记的名言。所以在研究说话艺术的时候，要先学少说话。

这里“少说话”是既要说话，又要说得又少又好，这才是口才的艺术。

要记住这样一个原则，在任何地方和场合，我们都要做到尽量少说话，缄默是值得提倡的。如果非说不可，那么你要注意所说的内容、意义、措辞和声调以及说话时的姿势。在什么场合应该说什么话、怎么说，这值得加以研究。无论是探讨学问、接洽生意、交际应酬或娱乐消遣，我们说话时都一定要有一个中心，即要生动又要具体。

“不鸣则已，一鸣惊人”，我们虽然未必能达到这个境界，但朝着这个目标去努力是不会错的。为了使你的话被人们重视、感兴趣，唯一的秘诀就是少说话。只有这样，才能有时间静静地思考，说出来的话才能更精彩。

第二节 自卑要不得

由于痛苦而将自己看得太低就是自卑。自卑是认为自己比别人差的谬见所产生的悲伤。自卑虽是和骄傲反对，但实际却与骄傲最为接近。（卡耐基语录）

胆怯对一个人的能力的破坏力有多大？它归根结底是人在紧张的环境下具有的一种自卑心理。这是人人都会有的一种心理现象。克服这种现象影响的关键在于能否有效地把握这种心理。

（卡耐基语录）

欲战胜自卑感和害羞心理，自己要先了解其产生的原因，然后再针对弱点着手克服。此外，更应该了解自己的长处，尽量发挥自己的优点，使他人更注意你的长处。

（卡耐基语录）

胆怯自卑的心理不仅不能使人成为优秀的辩手，还会妨碍正常的人际交流。然而如何消除这种自卑心理呢?

1. 告别害羞

所谓“害羞”，其实完全是自己的心理原因。自以为害羞的人，其本身的意识中也必有羞涩的成分。而害羞则是自卑的一种表现。

或许你自知是个记忆力极差的人。例如，曾有人为你介绍一位朋友，而你却不记得对方的姓名了，所以在他面前感到很不好意思。此后便尽量对他避而不见。此种情况，肯定不只发生在你一人身上，像这样的自卑感便严重地阻碍了你的交际活动。

另一种自卑的情况是出自于生理上的。譬如，相貌不好、学习不好或其他自身不尽如人意的地方。你觉得那些不足会不讨人喜欢，不受欢迎，招人嘲笑，于是便害羞地不敢与人交流。

诸如此类的缺点，有些是真实的感觉，有些则是由于幻想使然。不管如何，都足以左右你的性格，但只要你肯下功夫纠正，这些缺憾是很容易弥补的。

克服害羞这种心理意识，首先应了解“害羞”和“自卑”这两种意识是不足以引以为耻的。要知道在原始社会，是无所谓自卑感和害羞的，因为文明和思想的演进，才开始有这种意识。由此可知，智力越高者，就越容易产生自卑感。

此外，更应了解，即便是自卑感，也并非是不能改正的。希腊著名的雄辩家狄莫斯忒内斯，幼年时曾因有口吃的毛病而常遭到嘲笑，可是他从不感到自卑，反而更加努力克服口吃，不断地训练说话能力，终于成为国际知名的雄辩家。

欲消除害羞的心理，应先分析究竟是什么因素使自己感到害羞，其原因有下列两种。

（1）自身的弱点。

（2）性格上的特质使然。

如果你的自卑原因是属于前者——本身的弱点。就应采取以下两种坚毅的态度去克制它：

第一，须下决心去克服此项弱点。

第二，同时发挥另一种足以抵制此项弱点的优点。

洛克是位腿部残疾的青年，平日总是郁郁寡欢，心中一直存有强烈的自卑感。然而，这种自卑感又鼓舞着他，必须在另一方面表现得比其他人更杰出。洛克发现自己在美术方面很有天分，遂跟一名画家学习画画。数年之后，他的成就即受到了大众的肯定。曾有某家著名杂志的美术设计，便是由他完成。

如果你有决心、有信心克服这种自卑感，除了承认自己是个有缺点的人外，更应积极地发挥本身的优点，使自己在某些方面超越他人，逐渐地掩盖本身的不足之处。

再假设你的自卑原因是属于后者——性格上的特质。就应先了解，其实你所认为的缺点，都是幻想所致。神经过敏者，又较易有此种倾向。首先必须采取的步骤是，遏止幻想，尽量活动你的身体，并且参加团体活动，或者每天做两件你所不乐意的事。比如，向别人问路，找朋友借点儿东西等。

总之，欲战胜自卑感与害羞心理，自己要先了解其产生的原因，然后再针对弱点着手克服。此外，更应该了解自己的长处，尽量发挥自己的优点，以使他人更注意你的长处。

2. 肯定你自己

有一次，我的一个朋友吉姆对我说："我很不喜欢我自己。"他并非以一种自怜的口吻说出，而是俨然作为一种不幸的事实。

他说："那是一段相当辛酸的时间，也很痛苦。我不喜欢自己有好多理由，且是有根据的，有些则是理所当然的。每想到这些理由，我就感到害怕。"

他又说，"我惊喜地发现，有许多人真正地喜欢我。我想，别人能够喜欢我，为何我就不能喜欢我自己？渐渐地，我学会了喜欢自己，一切都好了。"

其实，这和前面提到的由于对自己失去信心而产生的对自己的憎恨属于同一性质。

吉姆的意思只在说明他学会了怎样容忍自己，并像他人喜爱他一样喜爱自己，如此，他重建了对自己的信心。

多数人由于不信任自己，常带上假面具，或虚张声势。因此他们会不自觉地惧怕陌生人，不喜欢陌生人，也就使他们惧怕自己，不喜欢自己了。其最主要的原因还是在于他们对自我了解不够，不能适当地表现自我。一旦他们能获得自信，便能从自暴自弃的束缚中解脱出来了。

3. 训练你的胆量

如果你很难开口跟陌生人交谈，或是你觉得不管到哪里都很孤独，以下就是一些协助你建立自信的练习，可供你参考。

（1）试着在电梯里和人说话。电梯提供了一个让人简短打招呼的绝佳场所。这时只需简单的眼神接触、微笑，同时说"嗨""今天天气真好"或"这电梯真慢"，无论什么话都能打破沉寂。这是一招零风险的练习，你大可以满怀自信地去做。因为待在电梯里就那么一分钟，或许你永远都不会再跟这些人碰面。你要明白这个点子是针对“与陌生人交谈”做简单的练习，不是叫你一定要去和人家接洽生意或是结成终身莫逆（虽然这也可能发生）。

下次你进了电梯以后，可以进行一次最大胆的“破冰”尝试：你不要走进电梯后立刻转身背对众人，试着走进去后不转身，直接面对众人——把你的背紧贴着电梯门，脸正对着整个电梯里的人。大家会以为你发神经了，但是你可以发言道：“我正在学习一门叫‘如何克服羞怯’的课，其中有一项作业就是要在电梯里练习面对众人。”我保证，你会赢得众人一笑，而且你会充满自信地离开电梯。

（2）练习长一点儿的说话。从今天起，请在银行或超市排队时跟别人说话。在超市结账时，你可以指着画报上的小道消息说：“我前几天在一家自助洗衣店看见过猫王。”有时候交谈也可以仅止于一声“嗨”，当然，你可能不会以这种方式找到你所爱的人或是你梦想的工作，但是经常做这种练习，能让你习惯与陌生人搭讪。

在陌生人面前练习这一招，是让你变成谈话高手的一个好办法。这个练习很简单，因为你知道只会和这个对象共处几分钟而已，这段遭遇或许会在你词穷之前就结束；除非你与那个陌生人都觉得对方很有意思，想继续这段谈话。

（3）和比较不胆怯的人谈话。你可以在快递公司的收货员、邮差、接线员、承办宴会的服务生或是修车厂技工的面前，练习你的胆量与口才。这些人由于职责所在，理当很有礼貌，你可以和他们做有趣的交谈。

他们和你生活中的任何人一样重要，同时也能变成你珍贵的伙伴。

（4）请尝试单刀直入的方式。为何要躲开那些胆怯的人呢？你可以大胆地走向他们，说："我一直想跟你说话，但我很怕接近你。"此语单刀直入，切入对方的心里，他们会无法抗拒的问你为何如此。这不仅能让你们开始一段谈话，还是一种最有效率的沟通方式，省了一堆繁文缛节。

（5）练习冒风险。多去参加艺廊的开业典礼，并向艺术家道贺。在商场上，一旦你听到什么人做了什么有趣的事，请拨个电话给他（你可以从期刊上得知消息）。你也可以去听一场你熟悉主题的演讲，并主动向主讲人介绍自己。尽量接近成功的人，向他们表达赞美与恭维之意，这样就能为你开启机会之门。

（6）找到乐趣。生命充满了乐趣，没有什么事是完全枯燥无味的。人生就要拓展自己、自由思考、全心相爱。这个过程充满乐趣。积极地把新朋友带进你的生活，其收获将是让生活得以扩展。这意味着，你的生活将满是新点子、新朋友和新机会；如果你不开尊口、不说一声"嗨"，这些是无法得到的，所以，不要害怕，勇敢地运用你的沟通潜能。

记住，不是只有你一个人害怕。

4. 要克服胆怯心理

在现实生活中许多人在许多时候是争论中的失败者。且不说他们的观点是否正确，至少在证明他们观点的过程中，他们往往是失败的。他们不能清楚地阐明自己的观点，不能系统地论证自己的观点，也不能有效地驳斥别人的观点。于是他们开始怀疑自己，怨恨自己，怀疑自己的无知，怨恨自己的口拙。以后，他们更不敢发表自己的观点，更不敢与人进行辩论，也就更加显得无知和笨嘴拙舌。这样形成了恶性循环，彻底摧毁了这些人的自信心。难道真是这样的吗？他们真的较一般人不善言辞吗？真的不学无术吗？不然。殊不知所有这些都是他们内心的胆怯和自卑在作祟。他们对自己没有足够的信心，担心自己的见解显得可笑，担心自己会成为被嘲笑的对象；在另一方面，他们又往往对自己有过高的期望值，希望自己能够一语惊人。可是，在这样极度的胆怯和巨大的压力下，他们最后连自己本身的水平都不能发挥出来，只能落得一个自己最不希望看见的结果。要知道，胆怯可以让一个风度翩翩的人变得像个傻瓜，可以让一个才华横溢的人显得像个无知小儿。试看下面一则例子，你或许会有些启发。

科芮任职于微软公司。她30多岁，很聪明也很有野心，而且相当优雅美丽，一心想青云直上。有一次，她非常幸运地被邀请参加了一场高层主管的晚宴，当晚的一个特别人物正是微软的首席执行官——全世界知名度最高、同时也是最富有的企业家比尔·盖茨。对于科芮来说，盖茨是一个非同一般的人物，也是她心目中的英雄。部分原因是科芮对微软公司有高度的信心，并且她非常希望在职务上有所晋升。因此，她很渴望与盖茨会面，想要以自己的才华和对公司的了解，给盖茨留下深刻的印象。

晚餐之后，机会降临到了科芮头上。她的顶头上司把她介绍给了盖茨，上司也在盖茨面前热切地赞扬了科芮的天分、才能，说她是如何使部门转型，如何为公司节省了多少的经费……盖茨听得很感兴趣，微笑着与科芮握了握手，并问了她最近一项工作中的问题。那个问题并不是很难，但是科芮的脑袋却突然一片空白，尽管她本知道问题该如何回答。她被心中的偶像震慑住了，对于自己到底是不是“说话得体”感到很紧张。她开始发抖，虽然她尽力把持住自己，却什么“得体的话”都说不出来了。

会见盖茨所引起的紧张，和自己一心想使盖茨印象深刻，这两种情绪完全控制了科芮。她胡乱而笨拙地应付了几句，试图隐瞒她不知道答案是什么。盖茨奇怪地看着科芮，觉得她那无所适从的样子很好玩。他就这么看着她，想等她自己摆脱这种尴尬的状态。据科芮说，她和盖茨那天的谈话，自始至终都没有调整过来，从头至尾都是那么索然无味。她感觉非常丢脸，也对盖茨非常抱歉，而这样一来又使得当时的窘境更加糟糕。她搞砸了自己期待已久的机会，恨透了自己，悻悻地走出了晚宴会场。

由此可以看到，胆怯对一个人的能力的破坏力有多大。它归根结底是人在紧张的环境下的一种自卑心理。这是人人都会有的一种心理现象。克服这种现象影响的关键在于能否有效地控制这种心理。试想在科芮当时那个场景中（毫无疑问，科芮已经在心中回味了千百次），如果科芮不是一味地想掩饰自己的失态，而是自嘲地一笑，然后说：“你知道吗，盖茨先生，我得承认跟你会面真的让我好紧张，因为我愿您能对我印象深刻。您刚才问的问题我虽然知道答案，可脑袋偏偏就成了一片空白，什么都想不起来了。真是不好意思。请你再问我一些别的问题吧。”

这样多么自然啊！完全缴械投降，多么符合人性啊！这样一来，他们两个人都会哈哈一笑，夹在两人中间的冰也将立刻融化，科芮也不会再感到胆怯不安了。两人都从各自的角色中暂时退一步，盖茨不再是无所不能、高高在上的总裁；科芮也不是屈身在下的职员了。消除了自卑感的科芮，将更好地在盖茨面前展现自己的才华。

第三节 自信非常重要

一个人假如有迅速的判断能力和坚决的自信力，那么他的机会之多，远非那些犹豫不决、模棱两可的人可比拟。

（卡耐基语录）

缺乏自信心的人，不管他天才怎样高超，所受教育如何优越，都绝不会有惊人的成就。（卡耐基语录）

如果说有什么阻碍了你，让你不能成为你所希望的人的话，那是因为你没有肯定地承认自己“是”，而是怀疑或否定了自己，以为自己“不是”。（卡耐基语录）

自信似乎是个永恒的话题。古今中外，多少哲人都曾对这两个字作过精辟的诠释，抒发过独到的见解。然而对于大多数人来说，这两个字并不像写出来那么实在，它是那么令人捉摸不透、若有若无。下面将从一个全新的角度，通过最为直观的语言，用最富有成效的方法教你如何训练你的自信。

首先要搞清楚什么是自信。自信就是对自己准备去做的事，内心充满必定成功的那种心理状态。自信是论辩者必备的心理素质。辩者在论辩之前，都应该对自己的论辩成功充满自信，这是辩者首要的心态，成功的第一秘诀。中国的学校教育要求青少年“听话”多于培养他们从小树立生活的自信。从整体上讲，以往的青少年能勇敢地走上讲台辩论的并不多，因为他们对自己缺乏自信心。日本人从小培养孩子们的自信，学校让学生们大清早对着窗外、对着旷野大声呼喊："我一定能成功！"据说，大哲学家苏格拉底原本很不善言辞，后来他自己对着镜子长时间地又说又比画，不断地用镜子中的形象进行自我激励、增强自信，一个总是充满自信的雄辩家如此地诞生了。当然，辩论者的自信不是盲目地骄傲自大，更不是无知地狂妄，狂妄只能使自己在众目睽睽下变成可笑的小丑，这是辩者之大忌。

自信，是由习惯性占据着你心中的想法而产生的。如果你一心只想你会失败，你就无论如何也会感觉你已经输了。反之，如能经常保持充满自信的心理，则无论发生什么事情，你也会坚信自己已经具有能够克服困难的能力。信心可以为你带来力量是事实。

贝西尔·金曾说过："你要勇敢！只要有胆识，就有强大力量来协助你。"生活的经验证明这句话是至理名言。随着信心的增强，你一定会觉得有强大的力量在帮助你。

爱默生也说过："相信'能'的人就会赢。"总之，你要笃信这种信心。如此去做，你的恐惧感很快便会对你丧失效力。

请切记一个秘诀——用自信和安全感来填充你的心，这就是扫除疑虑，去掉信心不足的最好办法。

皮尔博士曾建议一名长期被不安和恐惧纠缠的人，不但要细读名人名言录，而且要将有关勇气和信心的每一句话，用红线标出来。

这个人确实照皮尔博士的话去做了，并把那些画红线的句子牢记在心，终于拥有了最健康、最有力的思考观念。

这种转变，使他得以从萎靡的绝望状态中走出来，成为一个富有刚强毅力的人，而且在短短几周之内，即由一个全然的失败者变为一个充满信心的勇敢者。要知道，他仅凭改变自己观念就完成了这一巨大的转变。

1. 接受自我

一般人都有上进心，都有改变目前现状的欲求。但是许多人不相信自己的潜能，因此，不能实践最令自己满意和最有意义的活动。因为他们不能容纳自身内部的自豪感和使他们变成卓越人物的伟大目标，所以奉行中庸之道。

科学家对那些曾经到达人生理想顶峰的伟大胜利者做过大量研究。结果表明，他们共同的特点是对自己有很高的估价。

像富兰克林、爱迪生……如果你能读读他们年轻时写的东西，就会发现他们无一例外地高度评价自己，高度认识自身存在的价值。

著名的残障人海伦·凯勒，尽管失明、耳聋，却在一生中为比自己更不幸的人们做出了巨大的贡献；爱因斯坦没有考上大学；伽利略在西服店打过小工……然而，今天他们的名字却家喻户晓。美国已故总统林肯之所以成功，就是因为他在大家都感到无望、屡屡失败之后，仍旧没有气馁。

十全十美的人是不存在的。某些短缺和不足，恐怕一辈子都要伴随着你。这一点只要看看那些伟大的成功者就能立即明白。他们接受了自然的自我。对于正确的自我评价是非常重要的。对自己所做的一切，都要承担责任。

在名著《哈姆莱特》中，宰相波洛涅斯这样说道："最最重要的是忠于你自己。你只要遵守这一条，剩下的就是等待白昼和黑夜的交替，万物自然地流逝；假如果真有必要忠于他人，也不过是不得已那样去做。"

提高自我评价的有效方法之一，是将自己平时的优点大声地复述给自己听，用重复的声音暗示自我。

“我嘛，本来就不行！”

“我压根不成器！”

“香烟总是戒不掉！”

“谁也靠不住！”

“我老是倒霉！”

“晚上一直失眠！”

“我心情总是不好！”

这些话是那些自认为不幸的人常用的口头禅。他们被专家认为是神经病患者。以上这些话从医学的角度讲，它们暗示着说话者的神经混乱。在这些话语中可看出，神经病患者和非神经病患者是不同的。然而，事实上这种分歧点并不明显存在，神经病患者与非神经病患者之间往往只有一步之遥。

若是这样，二者可以做如下相同的定义予以概括——你说给自己听，并且相信它。这对你而言是真实的，而且将来采取适合它的行动。

有了上述的想法，就会表现于脸上、嘴上进而影响思想、感悟、言语还有身体的行为。

例如，你心中认为：“如果别人了解了我的身份，都会瞧不起我吧！”并且也确信这句话的真实性，那么即便你想极力隐藏它，你的表情也会流露出“我比别人差”的信息。

因此，自言自语的时候，要多使用肯定的、积极的句子，这样才不会扼杀潜能，自己给自己带上镣铐。

"我行！"

"我的心情棒极了！"

"我会赢的！"

"这次要干得漂亮！"

如此这般，说给自己听，并且相信它。说不定这是你可以拥有的最强大的力量——因为这并不费力气，而且这是谁都可以做到的简便的自我暗示。

2. 姿态改变人生

朱丽叶·彼尔森是个普普通通的职员，相貌也不起眼，但是她昂首挺胸，就像上面有绳子扯着她的耳朵一样。这不仅使她风度优雅，而且也使自身受其暗示，变得充满自信，赢得了他人的尊敬。下面是她讲的故事——一个人的姿态如何改变人生的故事。

"他看起来像个厉害的大人物"，记得那个中年男子在柜台前付款的时候，我曾不由自主地这样想。某些地方使他与众不同，连那个帮助顾客包装物品的小男孩儿也看出了这一点。小男孩儿充满敬意地看了他一眼，手里包装的速度也比平常快了。

他到底有什么与众不同呢？他长得那么平常，看起来好像长得很高大，我仔细看看，其实他比人们的平均身高还要低一些，穿着一件简单的周末运动服。当他转身离去时，我又禁不住盯着他看了看。原来，他昂首挺胸，好一派男子汉的风度，他气宇轩昂地走出超级市场。

相比之下，我们这些人相差得多么悬殊呀？给他结账的售货员像霜打过的一样。其他那些提着篮子的顾客也与我一样，都无精打采，我从侧门的镜子看了看自己，多么像疲惫的家庭主妇啊。

突然，我记起了母亲在我儿时反复强调的一句话：“昂首挺胸，就如同上面有绳子扯着你耳朵一样！”

我不知不觉地挺起胸来，镜子里面映出了一个自信的女人。可是，当我匆匆忙忙在下午5点交通高峰时期通过拥挤的街道回到家，又忙着料理晚餐时，优美的身姿又荡然无存了。

第二天在百货公司试衣服时，我又想起了这件事。我试了几件衣服，不是这儿鼓起来，就是那儿紧巴巴的，都不合适。我想，也许换个角度，看起来会好一点。我发觉自己的姿势太糟糕了。我猛地想起在超级市场见到的那个中年人，挺拔的身躯看起来那么令人赏心悦目。如果我也这样，穿起衣服是不是能好看一些呢？

我挺起胸来，再看看穿在身上的衣服，那些难看的鼓包和皱褶都不见了，线条和轮廓也显现出来了，我喜欢这件衣服。

“真漂亮！”帮我试衣服的店员赞扬地说，“你喜欢这一件吗？”“是的，它使我苗条多了。”我说。

啊，真的，我好像减轻了两三公斤体重。我想起了之前在杂志上看过的减肥文章的标题：“怎样在几星期内减轻体重？”我现在有了一个新标题：“怎样在几秒钟内苗条起来？”

挺胸抬头之后，我是不是显得年轻了一些呢？我觉得的确如此。于是，我又有了一个新标题：“怎样在几秒钟内显得年轻一些？”我还发觉，平时上商店买东西时腰痛的感觉也消失了。开车回家的路上，我感觉自己在其他方面也得到了改善，比如呼吸的方法也不相同了，我进行深呼吸，内脏都各就各位，十分舒适，不像以前那样挤在一起了。这样，又一个标题在我的脑际浮现出来：“怎样在几秒钟内觉得舒服一些？”

然而，没过多久，我就有些不习惯了。多年养成的旧习惯总是难以纠正过来，也许就是这个原因，我不大想去参加晚上的舞会。我弓着腰，低着头，总觉得与那些人合不来。我怕举止不得体，说出有失身份的话来，惹别人笑话。

晚饭后，我勉强地穿上那身新衣服，走到镜子前，看了看自己的形象。我命令自己挺起胸来，并想象有绳子扯着我的耳朵往上拉，尽量地抬头挺胸。就这样，我决心去参加当天晚上的舞会。

使我惊奇的是，我的姿势改变了我的外表。使我更惊奇的是，它同时改变了我的精神、态度和自我感觉。当我昂首挺胸的时候，头脑产生了细微的信号——我信心十足，清楚自己的价值。据我观察，其他人的反应也在发出信号——他们尊重我！

我开始感觉轻松起来，与周围的人们交往也更大方而且得体了。啊！我多么自信，多么开朗，在社交场合多么得意啊！

夜晚，我躺在床上，一想到晚会上的奇迹，就又一个新标题出现在我的脑海中：“如何在几秒钟内变得自信？”

此后的几周，我发现坚持昂首挺胸的好姿势，使我获益匪浅。我挺起身躯，感觉到自己比从前好得多；内心深处，也更加幸福愉快了。

后来有一天，我又去商店买东西。售货员看着我，说道：“你是个大人物吧？”

“嗯，也可以这么说。”我说，“我是大人物，我们大家不都是大人物吗？”

3. 塑造最佳自我形象

上文所讲的故事，事实上是通过自我暗示，塑造最佳自我形象的过程。自我形象，是理解人的行动的根本因素，自我形象的变化会引起自我个性和行为风格的变化。

“在你心灵的眼睛前面长期而稳定地放置一幅自我形象，你就会越来越与它相近。”哈利·爱默生·佛斯迪克博士说：“生动地把自己想象成失败者，这就会使你不能取胜；生动地把自己想象成胜利者，将带来无法估量的成功。伟大的你以想象中的图画——你希望成就什么事业，做一个什么样的人——作为开端。”你目前的自我形象是根据你想象中的那个过去的自我而形成的，过去的自我形象又是你对经历所做的解释和评价。过去你曾用某种方法绘制出一幅不准确的自我形象，现在你可以用同样的方法绘制一幅准确的自我形象。

丹尼斯·维特莱在《成功心理学》中认为，不管是哪一位成功者，都是在积极地勾画并不断地琢磨自己的形象的。

胜者能抓住自己欲扮演“角色”的最佳自我现象，并且能完全进入“角色”中，以“角色”最相称的语言与情绪出现在“舞台”上。因为在他们自身的气质中早已具有那个“角色”所应有的魅力。

假如你想“但愿大家这样看我”，你就会成为这样的人。如果你说“我觉得我是这样一个人”，你就会成为这样的人。

如果说有什么阻碍了你，使你不能成为你所希望的人的话，那是因为你没有肯定地承认自己“是”，而是怀疑或者否定了自己，以为自己“不是”。

一个人并不是靠“我确实是这种人”的事实驱动而行事的，而是靠“我就是这种人”的信念支配而行动的。一个人对自我的感觉，便是这个人的全部存在。这是因为，他想作为这样一个自己而存在，或者期望成为这样一个自己的憧憬，这不是凭空产生的，而是他自己刻画的自我形象的投影。

这里并不是在宣扬主观唯心主义，而是向你证明一个你可能没有意识到的事情——自信的力量。

人非常容易犯想当然的错误。许多认识上的错误，都是想当然造成的。他们想不到貌似理所当然的事情的发展并不当然，更想不到，世界上的事物由一个条件可得出多种结果，一果亦可能多因，影响事物变化发展的，除去必然性还有偶然性。

第四节　交谈中的提问方法

当你面对听众时，应当忘记你的语调、呼吸、手势、姿态，以及应该在哪里要强调。除了想到你该说什么之外，其他都应该一概不想。（卡耐基语录）

交谈就像传接球，永远不是单向的传递。如果其中有人没有接球，就会出现一阵沉默，直到有人再次把球捡起来，继续传递，一切才能恢复正常。（卡耐基语录）

在社交中，人们根据不同的情况，有时采取适当地提问，从而掌握说话的主动权，起到先发制人的效果，会收到意想不到的效果。（卡耐基语录）

1. 引导别人进入交谈

在交谈的时候，除了吸引对方与引起对方的兴趣以外，还有一个任务，那就是要引导对方加入交谈。

你必须要注意一点：自己是否挫伤了对方的自信？是否给对方留有充分发表他们见解的机会，而不是拒之于谈话之外？更重要的是你能否对他们的话表现出关注，而不是只顾自己感兴趣的话题。

交谈就像传接球，永远不是单向的传递。如果其中有人没有接球，就会出现一阵难堪的沉默，直到有人再次将球捡起来，继续传递，一切才能恢复正常。

问一些需要回答的话，这样谈话就能持续不断了。

如果感觉到很难让你的谈话对象开口畅谈，你不妨用下列问句来引导他们：

“为什么……”

“你认为怎样才能……”

“按你的想法，应当是……”

“你怎么正好是……”

“你如何解释……”

“你能不能举个例子？”

“如何”“什么”“为什么”“怎么样”这几个词是提问的法宝。

当然，如果回答还是个僵局，那就和提问是僵局一样，交谈仍然无法进一步开展。你必须尽一切努力把球保持在传递中，而不是使它停在某一点。

有时，你的谈话对象一开始不和你呼应，那也许是他还有些拘束，也许是他太冷漠，或者反应太迟钝，或者你根本就没有触碰到他感兴趣的话题。

在参加聚会之前，如果可以从主人或女主人那里打听到一些客人的情况，一定会对谈话有所帮助。不过，即便如此，也未必能确保别人一定会开口，打破矜持的气氛。也许在用餐时，你不得不和一位骆驼般高傲的律师同座，而你想尽方法使他开口却没有办到。那你也不要灰心，接着再试一试。你提到非法越境进入美国的墨西哥人的问题，他可能无动于衷。但你谈起用肺呼吸潜水，也许他就很有兴趣。或许，你还可以提起保护环境及计划生育等问题。

奈尔·柯华博士曾经这么说过："我对于世界的重要性是微乎其微的。但从另一方面来说，我对于自己却是十分重要的。我必须和自己一起工作，一起娱乐，一起分担忧愁，一起享受快乐。"

这是完全正确的，人类总是以自我为中心的。

如果你对这个最基本的人类本性已不再感到惊讶，你就会懂得如何调节自己适应谈话了。坦率地说，和对方谈他们感兴趣的话题，实际上对你自己也是有益的，尽管他们所爱好的和你所爱好的可能不尽相同。你可以先满足他的自尊心，然后再满足你自己的自尊心。

这是一种自嘲吗？完全不是。

如果你能够谦恭诚恳地对待你的亲人和朋友，想象着他们对于你有多么重要，你就会发现他们在你生活中的意义的确不容忽视。同时，你还会发现你自己对于他们也变得越来越重要了。我们大家都期望能得到别人的赞扬，而且还会因此更加追求上进。

总有一天，你会欣喜地认识到这样一个事实：任何一个看上去有缺陷、不聪明或反复无常的人，他的身上都存在着一些美好的东西。

心理分析专家认为，精神病患者一旦开始对别人及其他自我之外的事物产生兴趣，就说明他已经进入康复阶段了。

如果说关注自我到了一定的程度就是疯狂的表现，那么可以说没有一个人完全正常。然而，我们越是同他人交往——给予而不是索取，那么我们就会越接近正常了。除此之外，你还会有一个收益：你越关心别人，别人也就越关心你；你越尊重别人，你也能够受到别人更多的尊重。

如果你能够真正对别人产生兴趣，这种兴趣会自然地溢于言表。你会和他分享甘苦，在他需要帮助的时候尽心去帮助他。你将发现别人教给你的东西要远远超过你能教给别人的。

因此，请不要犹豫，尽快传出你手中的球，保持传递，让别人接住，然后再传回来。你传递的技巧越好，这场游戏就越生动有趣。

2. 简洁而有条理

“不要让你栽种的植物被丛丛杂草所隐没。”老师对学生这样说。

不懂节制是恶劣的语言习惯之一。那些说话漫无边际、累赘重复、东拉西扯、废话连篇的人很快就能发现：他们其实只是在自言自语，因为听众早就像《爱丽丝梦游仙境》中的那只小猫一样灵魂出窍了。

亚历山大·史密斯将军在国会中的发言一向以冗长而且不着边际著称。有一次，他对政敌亨利·克雷说：“先生，你是代表当代发言，而我却是为下一代说话。”克雷这样回答：

“是的，不过你的发言，听上去好像是看到听众来了之后才匆匆忙忙决定开口似的。”

没有准备的漫谈是不容易克服的一种语言习惯。

当堂吉诃德指出桑丘·潘沙讲的故事重复太多、条理混杂时，潘沙为自己辩讲道：“这就是我的同胞讲故事的方式，大人要我改变旧习惯是不公平的。”也许大多数人都对此有同感。

无论是和一位朋友交谈，还是在数千人的场合演讲，假如说有什么应该用红色标出来的要点，那就是：“说话扼要切题”。

那些担任企业行政主管职位的人差不多都认为：在商业场合中，最让人头痛的就是说话不安排条理的习惯。

不知道有多少人的时光都因此被销蚀一空——浪费在那些信口开河、多余、无聊的话题中去了。有一位工程顾问，他的任务是劝说制造商降低生产成本。他发现，有时只用两滴胶水就能贴好的东西，而工人们往往要用五滴以至更多的胶水，而且还需要工人们花费更多的时间去把多余的胶水擦掉。

同样，谈话也往往会有多余之处，一个字就能够说明白的话偏偏要用上整整一行字。特别是那些儿女已经长大成人，空闲时间开始越来越多的女人，她们说话时不惜在种种细枝末节上花费大量的口舌，投入很多的光阴。

“约翰”，史密斯太太说，“我记得你上次打电话是在礼拜二的中午十一点，因为就在接你的电话前，乔治太太来向我借过面粉。我记得清楚极了，因为她当时穿了一件粉红色的、缀着金色纽扣的衣服，脚上穿着一双咖啡色皮鞋……”

希望这位史密斯太太的言谈不会让你联想到自己。如果你说话的目的是要告诉别人一件事，那就直截了当地讲出来，不必扯得太远。

漫无边际的谈话，可能是思路混乱的表现，也可能是委婉曲折地达到目的的手段。不过，对更多人来说，那只不过是一种习惯，纠正这种习惯其实比一个烟鬼戒掉多年的烟瘾要简单得多。

假如你发现自己就有信口开河的习惯，不妨想象你是在花高价打国际长途电话。

有些爱开玩笑的人也是这样，尽管他们的玩笑并不精彩，可他们还是被一股奇特的冲动所驱动，总是想说笑话，其实这种人自己正是真正扼杀谈话效果的人。

一次，某女士与一位住在一公里之外的老朋友相聚。她们有五年没有见面了，因此对这次重逢很重视。结果这位女友带了一位新丈夫来，这位先生从一开始就独霸了谈话，一个接一个地说着笑话——可并不幽默。而这位女士却在一旁不停地鼓励这位先生继续说下去。她们告别之后，这位女士对她的这位女友五年里的情况与重逢前一样，毫无了解。

在过去的杂技表演中，如果一个节目拖得时间过长，站在幕后监督的人就会用一根很长的、头上带钩的竹竿，钩住那位违规的演员，将他从舞台上、从观众的视野中拖出去。

3. 掌握提问的方法

（1）率直提问。直接抓住对方的某一要害问题，开门见山地提问，以至对方处于被动地位。这就是率直提问。

率直提问的关键是要抓住对方话语的实质或漏洞，直接提问。因而提问的形式不拘一格，可以一次发问，也可以不断发问，还可以排比逼问。

一次发问是针对对方的问题或漏洞，直接用一个提问指明对方的错误的提问形式。它用于对方的错误较明显，且能一语中的的情况。

例如，一鞋商趁运动会期间推销其新式球鞋，吹嘘道："谁买了我的球鞋，谁就能跑第一名。"这时，旁人问道："如果有两个跑100米的人买了你的球鞋，谁能得第一名呢？"鞋商无言以对。

（2）诱入提问。诱入提问是有意识地通过提问来让对方落入自己设计的圈套，从而迫使对方承认或否认某种言行，达到己方的目的。

诱入提问的要点是：根据辩说对方的特点与讨论的问题，设计一个提问，使对方的回答陷入一种困境或被动地位。此时你再根据对方的回答进行评价或批驳，可取得事半功倍之效。

（3）适时反问。问与答，是索取与提供信息的过程。在这一过程中，问方较主动，答方较被动。但这种关系是相对的，并且可以相互转化。反问就是在对方提出问题时，不回答问题，反而提出问题来让对方回答的问话方式。借助反问，答者变为问者、问者变为被问者。变换了角色，也就能使己方变被动为主动。

反问的关键是要适时，就是要把握反问的时机。反问有直接反问与间接反问两种方式。

（4）矛盾发问。在辩论中，对方的观点或某一句话里往往隐含着自相矛盾，而己方又难以用陈述的语气挑明。这时，己方便可借助于提出一个问题，使对方的自相矛盾处明显暴露，置对方于被动地位。这就是矛盾发问。

（5）明知故问。对答案明确的问题或已知的事实，故意提出来问对方，以达到自身的目的。这种方法就是明知故问。

在明知故问的过程中，所提问题的答案能够是真的，也可以是假的。明知故问的目的，可以是故意刁难对方，也可以是引导对方进一步思考问题，还可以是为了说服对方。根据所提问题的答案的真假的不同情况，可将明知故问分为三种形式：正面故问、有意错词和模糊故问。

正面故问是明知正确的答案，只是因答案于对方不利，便故意将问题提出，置对方于困境。这种明知故问形式经常用于辩论之中。

（6）两难设问。错误的言行总是有懈可击，自相矛盾是它最突出的弱点。利用对方观点或行为的矛盾之处，通过设问使其陷入进退两难的境地。这就是两难设问。

两难设问的逻辑基础是两难推理。两难推理由两个具有充分条件的假言判断和一组有两个选言的选言判断为前提，并根据假言判断和选言判断的逻辑性质而推演。它是论辩中常用的一种逻辑形式。因为通过作为小前提的那个选言判断列举出的两种可能情况引申出对方难以接受的结论，可让对方陷于进退维谷、左右为难的境地。两难设问也可达到这样的目的。其运用要点是：向对方提出一个问题，这个问题的回答包含正反两种选择，但对方无论做出何种选择，结果都是其难以接受的。

第五节 说理十三法

在应对争论时，双方最不愉快的争执方法是怒而不言。究其原因，是攻击者总是将沉默看作轻蔑的表示。

（卡耐基语录）

争论时，讲话要柔和，要为巩固理论而努力。重要的是使对方不感到羞耻而说服他。（卡耐基语录）

在日常生活中，人和人之间难免产生一些误解，久而久之，彼此之间的矛盾就会加剧，必须采取恰当的说理方法，来化干戈为玉帛，才能达到和谐的目的。（卡耐基语录）

1. 寻求共鸣

说服对方，理是基础，但仅有理是不够的。常言道，酒逢知己千杯少，话不投机半句多。寻求共鸣，便能使你成为对方的“知己”，避免“话不投机”。

所谓共鸣，是对话双方在思想感情上达到基本一致的体验。借助感情共鸣，可以消除对方的对立情绪，赢得对方的信任，营造融洽的气氛，从而为你的说服铺平道路，让对方从心理上愿意接受你的劝说或主张。

寻求共鸣的技巧之一是寻找共同感兴趣的话题。大千世界，芸芸众生，尽管个性千差万别，但总有共知能、共爱、共有的话题。年龄、地域、经历、兴趣爱好上，都可能有共同感兴趣的话题。这些话题，便是寻求共鸣的素材。

2. 激将劝服

说服他人，理是基础。但当理由已充分展开还不见效的时候，或者你自我感觉逻辑推论的力量单薄的时候，你不妨试试遵循古人的训言："请将不如激将"。利用一定的语言技巧，刺激对方，激发对方的某种情感，使对方的情绪波动与心态变化朝着你所期望的目标发展。

激将劝服的技巧之一是正面激将，即用鼓励、信任的语气，让对方树立起自强、自信之心，从而自觉或不自觉地接受你的主张或决定从事你所期望的某种行动。

《人际交往的艺术和技巧》的作者赖斯·吉布林经历过一件事。一天，他来到某市一所他曾住过的旅馆求宿。当他穿过那些挤在办公桌前想住旅馆的人群时，办公桌后的一位职员抱歉地说："哎呀，赖斯，你应该让我们知道你要来这儿。按目前这个样子，我恐怕不能帮你什么忙了。"赖斯回答说："看起来我们的确碰上了难题。但是如果说在这个城市中还有哪个旅馆职员能解决它的话，我相信，那就是你。我不需要再去寻找，因为如果你也不能给我找个房间，我就准备睡到公园里去了。"这一席话，刺激了对方，表明了他对对方的极大信任。因而，那位旅馆职员说道："好吧，让我想想办法。"这是对赖斯正面激将的"投桃报李"。结果。那位职员最终帮赖斯找到了一个非正式的小房间。

3. 激发需要

无论什么人，只要生存在这个世界上，就会产生多种的需求与愿望。这是人尽皆知的事实。因此，在说理中，我们也应考虑到人的需要，借助对方的需要，进行说服工作。

美国心理学家马斯洛的“需要理论”认为，人们的需要尽管千差万别，但仍存在着某些共同的需要，即生理的需要、安全的需要、社会的需要、尊重的需要、自我实现的需要。这五种需要是按层次分布的，依次、逐级上升。当低一级的需要获得相对满足后，人们就会追求高一级的需要。古人云：“衣食足而后知荣辱”，说的也是此道理。

激发需要的技巧之一，是根据对方的心理特点与马斯洛的需要理论，通过满足对方较高层次的需要来说服对方。

4. 运用哲理

哲理是智慧的结晶，令人回味，启人思考。一个人的话语中含有多少哲理，标志着说话者的思想成熟程度。因此，在说理当中运用哲理，使道理具有深刻的意蕴，有助于让对方从心底里信服。

哲理分为四种类型。

警策型：话一出口，使人一惊，惊而无险；出人意料之外，却在情理之中，是警策型哲理的特点。例如，“有人活了一百岁才走向坟墓，但他生下来就已经死亡。”（卢梭）语中“活了一百岁”和“生下来就已经死亡”是一个辩证矛盾，它隐藏着深刻的思想，表明了生理的存在与精神死亡之间的辩证关系。

若愚型：这一类型的语言往往说出的是最平常的事情，而这些最平常的事情一经提示，却似乎是“点石成金”了，变成了耐人寻味的东西。例如，“光线最充足的地方，影子也特别黑。”（歌德）“一朵花做不成花圈。”（赫伯特），其意蕴都非常深刻。

忠告型：长者的口气，明显的善意，少许的专断意味，是忠告型哲理的特点。例如，“从伟大到可笑，只有一步之遥。”（拿破仑），是语重心长的话语。

总结型：这类语言的明显特征是归纳经验，做出一种可能性的描述。例如，“长久迟疑不决的人，常常找不到最好的答案”（歌德）“财富往往像海水，你喝得越多，就越感到渴。”（叔本华），读后会叫你不由自主地点头称是。

5. 透视根源

透视根源，就是对表面扑朔迷离的问题，直视本源，抓住本质，一针见血地指出问题的症结，从而说服对方。

俗话说，“公说公有理，婆说婆有理”，每个人的角度不同，必然会对问题有不同认识。假如你纠缠于细枝末梢，就很难说清道理；而如果你透视根源，则可快刀斩乱麻，收到奇效。

6. 淘汰说理

以逻辑上的选言证法为基础，进行说理论证的方法，就是淘汰说理。

选言证法是一种间接证明方法。它通过确定除论题所指的那种可能外，选言判断所包含的其余也许都是虚假的，从而推出论题的真实性。

7. 典型例证

“事实胜于雄辩”，为了说服对方，用事实说话是一种强有力的手段。不过，可作为例证的事实很多，随意所举的例子未必具有说服力，主要是要选取典型例证。

典型，是具有代表性的人物或事件，典型例证就是要以有代表性的事实来证明自己的观点或反驳对方的观点。就辩论来讲，典型的选取，既要注意例子的代表性，又要注意针对性。而最根本的是要使对方当场感到你的论据是真实的，论据不容置疑。

8. 揉面说服

生面与熟面一起揉，更易和好面，这是生活常识。说理工作也是如此，将尚未解决的问题掺在已解决的问题中进行解释说明，可使难题很快得到解决。这就是揉面说服。

揉面说服的要点是：用对方承认的论据来说服对方。因此，论据要选取对方熟悉的道理，或者选取对方说过的话，以求达到事半功倍的效果。

9. 喻证说理

事物的属性表现的程度不一，事物的道理有深奥与浅显、隐晦与明了、抽象与具体之分。深奥的、隐晦的、抽象的事理难以理解，如何使其变难为易呢？有效的方法就是喻证说理。

“喻”，指比喻、打比方，喻证说理就是用一事物的性状来比喻另一事物的性状，用“此理”比喻“彼理”。因而，运用喻证说理，以浅显的、明了的、具体的事理来比喻，能够使深奥的、隐晦的、抽象的事理容易被对方理解和接受。

10. 诱导劝说

虽然对方言行不当，但直接劝说，可能造成对方的心理对抗，难以说服对方。作为有效的间接说服方式，诱导劝说可以消除对方的对抗心理，更易达说服的目的。

诱导劝说是有目的、有计划地诱导，让对方一步步、自然而然地顺着你的思路理解，从而接受你的劝说的说理方法。

11. 变换角度

说服对方，有时不能一蹴而就。因为对方的言行，也有其根据，而你不一定能一下就知晓，从而对症下药。因此，为了达到你的目的，变换角度是十分必要的。

变换角度就是在说服对方的过程中，要注意从不同角度考虑问题、表达思想。当某一角度不奏效或不对路时，要及时更换新的角度，寻找新的突破口，将说服进行下去。

变换角度的最佳方式是：有灵活多变的策略，即你事先应有被对方拒绝的心理准备，并考虑好阐述问题的不同角度。一旦对方表示拒绝，就更换新的角度；再拒绝就再变换，直至达到目的。

例如，美国一青年来到一家公司提出谋职要求："请问你们这里需要秘书吗？""不要。""要采购员吗？""不要。""要门卫吗？""不要。""那么，你们肯定需要这个喽。"他拿出一块牌子，上面写着："本公司名额已满"。公司老板笑了，最后这个人被录用为销售经理。

12. 辩明利害

利益为人所关注，但有时人们不一定能认识自己的某种言行将会对自己利益造成的影响。因而，在说理过程中，使对方明白自己利益所在，从根本利益角度督促、提醒、唤起对方。这就是辩明利害。

13. 寓言说理

寓言是带有劝谕或讽刺的故事，其基本功能是借助比喻，将深奥的道理从简单的故事中体现出来。从春秋战国时代起，寓言就已盛行，诸子百家的著作中都有不少寓言；国外也有许多寓言广为流传。这些寓言为我们进行说理提供了丰富的素材。因此，寓言说理是我们应该注意掌握的一种方法。

第六节　自然地表达技巧

过分的紧张会让一个人忘怀了恐惧，不顾死活地蛮干下去；在这一种心情之下，鸽子也会向鸷鸟猛啄。

（卡耐基语录）

口才尽管需要天赋，但却不是绝对的。谈话有风度、有教养，这些似乎可以反映出一个人的知识程度，但正确地表达自己观点的能力，几乎都是后天练就的。（卡耐基语录）

通过交谈而建立友谊是不容易的，但想要引来灾祸却是唾手可得。所以聪明的人对人总是唯唯诺诺，能不开口时便三缄其口。（卡耐基语录）

1. 用语言把紧张状态表现出来

当生活困苦、万事不如意时，人不免要感觉紧张。

所谓紧张就是意味着内心的不安，同时也是为下一个动作做出的准备姿态。当因无能为力或对某件事的结果心里没底而不安时，感到揪心、焦虑就是紧张的症状。

因此，一个人紧张时态度难免要僵硬，嗓音发抖，我们得学会及时消除这一状态，恢复内心的宁静。

而几乎大部分的紧张都是缘于内心不安的，或有不便示人的隐秘，针对这一点，我们可以找到消解紧张的钥匙。

首先要意识到自己的紧张，然后要在客观的立场上正确地评价自己的紧张。意识到紧张并不难，可要对它做出客观评价则需要一点儿勇气。

堪称“世纪铁拳”的阿里有一个随从曾发表过如下看法：“一个拳击手面临一场大赛，等候在休息室里时，不免要感觉不安。或许因人而异会有一定程度的差别，但这可以说是所有拳击手的共同心理。他们为了掩饰自己内心的不安，难免夸夸其谈或说些大话。他预言要在几回合里打倒对方，不过是有意识地把紧张化成一副假面具，戴在脸上，以求内心的平静罢了。阿里在大赛之前吹嘘得越厉害，越表明他正在为按捺不安的内心而苦恼着。”

他还毫不留情地抨击说，阿里喋喋不休地吹嘘，不过是内心紧张情绪的一种发泄方式。

他的这一席话其实不无道理，心理学研究指出，暴露内心的紧张，可迅速恢复内心的平静。可是，将自己内心的紧张展示在人们面前是需要勇气的。

你与其总怀着一份紧张，战战兢兢地面对人和事，不如鼓起瞬间的勇气，求得长久的安宁。权衡得失，就没有理由不鼓起勇气了。当某个组织里最底层的职员站在总裁面前时，他不禁会感到紧张与不安。

这时，职员不妨坦率地表达自己的心情，向总裁直言：“其实我心里很紧张。”这时，他就会神奇地发现自己不知什么时候已经摆脱了紧张，开始平静下来了。

这种经验，那些一线推销员大都体验过。那些身经百战的营销高手这样回味当时的情景：“心里害怕时，不如自己承认它，并用语言朝对方吐露出来，那样一会儿就会好了。”

2. 自言自语法

所谓自言自语也算是一种独白，人们时常借此发发牢骚或发泄某种情绪。

在纷纭的社会生活中，有很多时候你难以当面说出自己的真实想法来。特别是在自以为是和专制的人以及上司面前，你无法当面驳斥他或做出刺激性的反应也是不争的事实。

可是，通过最近充斥于荧屏的小品或喜剧性的节目，你可以看出一个有趣的现象。那些小人物固然胆小，没法当面驳斥大人物，却常常嘟嘟囔囔说出自己的想法，以至引起观众的哄堂大笑。

就以一个小品为例：经理召集职工，煞有介事地说明这次红包削减的原因。经理无比严肃地说明公司面临的严峻形势，以不容挑战的严厉口吻说出削减奖金的决定，那些正襟危坐、洗耳恭听的职员当中有个人面不改色心不跳地嘟囔了这么一句："他以为我们喝西北风就能过……"当然，这句牢骚话经理是听不到的，而听到了的观众自然要哈哈大笑。

因为这个职员恭敬的表情与内心的不满造成了巨大反差，所以让观众忍俊不禁。

通常，自言自语是下意识吐露出来的，可以说是下意识蹦出来的"内心的隐秘"，因为它是下意识的，所以才能引起人们的关注。

因为它是不加粉饰、赤裸裸、实实在在的，所以就显得更为可信。人们不愿相信一个人天花乱坠的语言，人们更愿相信他脱口而出的一句话。对那些几乎听不进他人的劝告的难缠的人，不妨试一试这一方法。即有意说出听起来像是下意识的话。

我们设计一下如下场景。

有一对青年男女，相互倾心已久，就是不捅破这层窗户纸，谁也不想先开口。焦急的小伙子不妨用用这一方法，装作无意，口里喃喃有词。女的自然要问他："你刚才说什么了？""没，没有啊……""哎呀，你说嘛，你分明是说来着。"这时，你再因势利导让女方明白自己刚才是内心的爱慕脱口而出……那以后的事就顺理成章了。

此外，那些令人羞于张口的金钱等问题也能采用这种方法。

当你急等着用钱，有一个人能给你资助，但你又不好意思张口时，不妨自言自语地说出："唉，要是能有二百万，就能挣回一两千万了呢……"再装出万事皆休、心灰意冷的样子，对方因自己无意中听到别人的内心隐秘而感到满足，同时因这是你下意识说出来的而觉得真实可信。这样，他就会考虑帮你一把了。

像这样，当面说出来不一定能奏效的话，假如恰当地运用喃喃自语的方法，也许会产生意想不到的效果。

3. 贵在不懈地练习

据说在埃及金字塔中出土的一本古书里有一段名言："为了出人头地，你要做个会说的人。语言是人类的武器，它远远胜过角色。"可见，三千多年前人们就注意到了语言艺术的重要性。

众所周知，当今人际关系的80%以上是要依靠语言来形成的。至少给他人留下深刻印象的也要首推一个人的谈吐。因为语言艺术在现代生活中占有举足轻重的地位，所以其几乎影响着人际关系乃至整个人生的成败，确实是不容忽视的事。

希腊的雄辩家狄莫斯忒内斯可谓是用顽强的意志和努力，开发出自己语言潜能，攀上令人心仪的雄辩高峰的代表性人物。亚历山大·泰勒高度评价他超人的毅力，指出："他的嗓音粗俗，没有品位，发音也模糊不清，动作也僵硬，不协调。可他觉察到自己的缺陷后，持之以恒地做雄辩练习，后来他终于克服了自身的缺陷。"

口才虽然需要天赋，但却不是绝对的。谈话有风度、有教养，这些似乎可以反映出一个人的知识程度，但正确地表达自己观点的能力，几乎都是后天练就的。狄莫斯忒内斯也靠后天刻苦的努力改变了先天不良的音质，最后成长为举世闻名的大演说家。

说到音质差，我也可以算一个。进入高中以后，我省悟到这种先天的不利因素会成为我进步的障碍，于是我按恩师S教授的训练法，不懈地磨炼自己的嗓音。经历一番呕心沥血的努力，终于改变了自己的音质。掌握语言艺术的真谛，有几种训练法。

首先要矫正发音。不要语尾不清或断句不清，而应该做到字正腔圆。正确的发音训练法首先要勤动嘴唇和下巴，且一定要全神贯注。其次还得留意音调的变化和抑扬顿挫。音调的变化是语意传达的关键。好的演说家每天都要"曲不离口，拳不离手"，练习音调和语言抑扬。再次，该是选样好的语言了。词汇要选那些言简意赅，通俗易懂而又含蓄幽默的。这一点尤其需要深厚的修养，有了深厚的修养才能做到使遣词造句富有机智又充满感情。

平时要注意选取一些描述性的词勤加练习，这样你就有可能掌握机智、精炼的说法了。譬如，同样介绍一座房子，与其干巴巴地说："我住瓦房"，不如说"寒舍是顶着古老的青瓦，瓦缝里冒出些许杂草的古色苍然的老瓦房"来得亲切又有品位。

你从这些小事做起，不懈地练习，不断地充实自己，也就踏上了人生成功之路。

4. 说话中的忌讳

通过交谈而建立友谊是不容易的，而想要引来灾祸却是唾手可得。所以聪明的人对人总是唯唯诺诺，可以不开口时便三缄其口。比方你对他说起别人的隐私，他本身有些秘密唯恐别人知道，而你却无意之中点中了他的隐私，说者无心，听者有意，他会认为你是有意揭露他的隐私，心中顿感不悦。这是说话的第一忌。

某人做了一件事，因为他是别有用心，所以竭力掩饰自己，以防别人发觉，如果被人知道，那对他是很不利的。如果你与他素有交往，彼此比较熟悉，对他的用心知之甚深，他虽不能断定你一定明白，但总是对你有些提防。这是说话的第二忌。你处在如此的境地，既无法向他表白你并不知道，也无法表明你绝不泄露，那么你将如何处理呢？大概你唯一的办法只有装聋作哑，绝口不提此事。

别人有秘密企图，你却参与此事，你为他出主意，从乐观方面说你是他的心腹，从悲观方面说你又是他的心腹之患。你虽谨守秘密，从不提及此事，不料别人猜到了其中的秘密，并泄露于外，那么你是无法辩白你没有泄露秘密的，而在他看来，你有最大的嫌疑。这是说话的第三忌。在这种情况下，你只有设法亲近他，表示你绝无二心，同时设法查出泄露的人。

别人对你并不非常了解，并不十分信任，你却偏偏竭力讨好他，为他出主意、想办法，他如果采取了你的意见，而实行的结果并不理想，他一定疑心你有意捉弄他，使他上当。即使实行的结果很好，也未必对你会有好感，以为你是偶然想到的，实行又不是靠你，怎么能算是你的功劳？这是说话的第四忌。所以你还是不说话为好。

别人有过失被你知道了，你不惜直言相劝，认为他做得不对。他本觉得内疚，生怕别人知道后自己的面子不好看，而你却去揭破他，自然令他十分难堪，并往往由此产生怨恨，由怨恨而与你发生冲突。这是说话的第五忌。所以，你还是不说为好。即便劝告，也应以婉转为宜。

如果你上司的成功是由于你帮了他的忙，你的上司会深恐好名誉被你抢去，内心里自然会惴惴不安。这是说话的第六忌。你清楚这种心理，就应该到处宣扬，逢人便说这是上司的领导有方，是上司的远见，一点儿也不要透露你有什么本事。

别人力所不能及的事，而你认为他能够办到而强迫他去做；别人认为能做的事，并已开始工作，而你认为他办不到，强迫他中止这件事，这都是强人所难，不通人情。这是第七忌。你认为朋友或下属哪件事该做、哪件事不该做，你应该进言相劝，说明道理，使他自己认识到这一点，这才是上策。即使他不听劝告，你也只能相机而行，适可而止，不能威逼强求，伤害感情。

5. 人们常犯的“语病”

有些人谈话风度虽然很好，但是在他的语言中掺杂了无意义的“杂音”。如鼻子总是哼一哼的，或是喉咙像老是不通畅一样，轻轻地咳着，或者是在每句话的开头常用一个拖长的“唉”声，好像每一句都要犹豫一阵子才能说出来。还有的人每说完一句，总要加一个“啊”，似乎每一句话都生怕别人没听清楚似的。

像这类的杂音都要加以清除，这些杂音使你本来很好的语言如同玻璃上蒙了一层灰一样，大大减少了它原有的光彩。

有些人喜欢在谈话中用过多不相干、不必要的套语，如在什么地方都加上一句“自然啦”，或“当然啦”这类词句。也有些人喜欢加上太多的“坦白地讲”“老实说”等词句；有些人老喜欢问别人“你明白了吗？”“你听清楚了吗？”；有些人喜欢说：“你说是不是？”“你觉得怎么样？”；也有些人习惯性地在每句话的句尾加上一句“我给你讲”，或“你说这可笑不可笑”。

某人在上中学时，有一位新来的老师向同学们说话，开头第一句话就是：“不过我今天来……”以后，到处都是“不过”。

像这一类的小毛病，可能你平时一点儿也不觉得，要问一问你的朋友，请他们替你注意一下，多提醒你几次，你就可以改正了。

有人特别爱用某些词来表达很多的意思，也不管这个词本身有没有那么多的含义。

举个例子，有人喜欢用“伟大”这个词，于是乎在他的话中，什么都伟大起来了。“你真太伟大了！”“这文章太伟大了！”“今天看了一部伟大的电影”“这批货卖了一个伟大的价钱！”

最妙的是有一个朋友喜欢用“那个”代表所有形容词。你听听他说的是什么意思吧：

“今天太那个了！”

“他这个人很那个，是不是？”

“我觉得这件事未免有点儿那个。”

这一类的毛病大概是因为太偷懒，不肯动脑筋想一个形容词的缘故吧！

要多记一些词汇，才能生动和恰当地表达出你的想法。

在“好”这个概念之下，有“精彩”“优美”“善良”“出色”“漂亮”“愉快”“呱呱叫”，以及许多其他的表现方法，不要那么简单地说：“他是一个好人”“这个茶杯很好”“这本书写得太好了”……

“他是一个好人”，不错，可是他是怎么个好法呢？从最伟大的人，到普普通通、没有犯大错误的人都可以说是个好人。他可以是一个心地善良的人；他也可以是一个服务热心的人；他可以是一个老实的人；他可以是一个力求上进的人；他可以是一个劫富济贫的人；他还可以是一个拾金不昧的人……到底他是一个什么样子的好人呢？同样，你说：“这个茶杯很好，”是“样子”好，还是“颜色”好，是“质料”好，还是“价格便宜”，或是“最合你的需要”？

我们要求一个口才好的人，说的话精致而细腻，丰富而活泼。不要如同三岁小孩子那样，翻来覆去只有那么几个极简单的字：“我跑到门外边，猫看见我就跑到了树上，树上的鸟儿都跑开了，树上的苹果也跑到地上来了……”

6. 不要滥用琐碎的问句

有些人喜欢用谚语，谚语本来是很富有表现力的，不过不要三句话不离谚语。用太多的谚语，会使人听了腻味，而且也易使人意识混乱。这就如同一个美丽的女子，带了满身的珠宝首饰，不但淹没了她原来的美丽，而且使人觉得庸俗得很。

在适当的场合和时候，如果用一句谚语，就显得很生动而有力量。

有时候，某些名词流行起来，不论在口语还是在文章里都被普遍采用。这种词句，也最容易被一些人不加选择地乱用一气。

例如，原子这个名词是物理学的专用名词，但这个名词被人滥用了，什么都“原子”起来了。如“原子牙刷”“原子裤袜”，甚至捉老鼠的器具也称之为“原子金刚猫”！“原子”这个，“原子”那个，使人听起来莫名其妙。

其他如“真棒”“真帅”“迷你”等也都是曾被用烂了的字眼。

有些人喜欢夸张，夸张的语气有一种引人注意的效果。不过，如果夸张用得太多，或者用得不恰当，反而失去了引人注目的效果，人家甚至不相信。

你不可能每次说的都是“非常重要”的消息，也不可能每次都讲“最动人”的故事，或者“最可笑”的笑话。你所阅读的书，不可能每一本都是“最精彩”的，你所认识的好朋友不可能每一个都是“最可爱”的。

不要什么时候、什么地方都是“最”“极”“非常”“无限”……否则，你在这无数个“最”中，有一个真正的“最”

时，你该怎么表示呢？难道你要这样说：“这件事对我来说是最最重要的吗？”假如你真的这样说了，别人听了也会无动于衷，因为你给他们的印象是一向都是喜欢夸大其词的。

7. 不要太琐碎

有些人喜欢叙述自己的亲身经历。自己的亲身经历说起来最精彩、最生动。许多人都喜欢听别人讲他自己的亲身经历。在新闻报道中，“目击者”和“当事人”的叙述也是最吸引人的。有很多人把亲身经历编成小说，拥有众多的读者，甚至改编成电影也很卖座。

可是并不是每一个人都会讲故事，因此当许多人讲述自己经历的时候，自己一味地起劲儿，对自己所经历的，样样都觉得很有味道，样样都觉得非讲不可。其结果，反而使听者茫然无措，索然无味。

这究竟是犯了啥毛病呢？

在这种场合，最容易犯的毛病有两点：

一是引用的对话太多。

例如，你说你见了什么人，以下就是“他说……”“后来我又说……”“他又说……”“那么我就说……”“他的太太这时候就说……”“所以我说……”。像这样“我说”“他说”“他们说”，听的人一下子就被你搞糊涂了。

二是你讲了很多不必要的细节。

例如，你说：“我到一家理发店去理发，在××街和××街的转角处，门牌是四三五号，××街正在修马路。我记得这家理发店是五年前开的……”讲了一大套，别人还不知道你到底想说什么。可能你所讲的这些都是多余的。你要说的是你走进一家理发店去理发，有一个理发师是你大学的同学，他为什么做起了理发这一行呢？这才是你想说的问题。

讲故事比起写故事来更难一些，抓住要点，吸引别人的注意力，引起对方的浓厚兴趣是讲故事的基本技巧。在讲故事的过程中，少用对话，节奏要快一点，在重要的地方，讲得要详细一点，其他地方则可以用一两句交代一下就行了。拥有讲故事的能力，对口才训练是很有帮助的，即使你不具备叙述的能力，也能使你的谈吐更生动有趣。

第七节　套牢对方

不论什么人，一旦感情爆发了，大都会失掉理智而说出内心的话，这样一来就不难掌握住他的心了。所谓的说服，至此已成功了一半。（卡耐基语录）

若一开始就给对方很大的电流的话，谁都会觉得触电，但是如果能慢慢地以加压的方式让电流由小而大，则不会使人感受到很大的刺激。（卡耐基语录）

由于对方处于激动状态，我们即使对他们说些正确的话，对方也听不进去。这时我们就要设法将对方引入自己的圈套。（卡耐基语录）

1．能使对方接受的说法

曾经有两位法官，接受了一名高尔夫球场经营者的贿赂。原因是经营者欲重建倒闭了的高尔夫球场，而给了法官很多金钱。

本来这一类事件在社会上是司空见惯不值一提的，但它却具有不同常态之处，因为这位高尔夫球场的经营者是一个律师，所以引起世人的注目。

由此看来，事件的主角是法律专家，但为啥会如此轻易地触犯了法律呢？

虽然偶尔也会发生法官不知自爱而招致人们非议的情形。但这件事，恐怕是有什么令人难以防备的陷阱。原来这位贿赂法官的律师，是利用一般人心理上的弱点，以巧妙的方式进行贿赂的。当他要赠送他们高尔夫球杆时，就说：

“这一支球杆我不需要了，因为最近又买了支新的，所以这一支就送给你，虽是用过的，但还请笑纳。”

这样一来，对方就很容易地接受了，并不会认为是在接受贿赂。

打了一趟高尔夫球回来，法官正想结账时，经营者就说：“这只是我们经营者的调查费用而已，算不了什么。”便不收法官的钱，并且每次都如此，而这看起来也不算是贿赂。他每次都在强调“这是微不足道的事”，但其实他每次都是在进行贿赂。

如果是用过的物品，即便是新买的或价格高的，在一般情况下，还是会让人接受，此乃人之常情；在开始时接受的是一些较廉价或毫无价值的东西，到后来纵使是送极具贿赂性的高价物品，也不会让人难以接受，而这也是一般人的心理。法官其实对于犯法比一般人敏感，然而因为被人抓住了心理的弱点，也就轻易地触犯了法律。

本来是不想叫对方贿赂的，但是像这样的方式，对于平时标榜正义的人来说，倒还十分有效。若一开始就给对方很大的电流的话，谁也会感觉到触电，但是如果能慢慢地以加压的方式让电流由小而大，则不会使人感受到很大的刺激。

同样，从小小的贿赂开始而逐渐演变成大贿赂，即使到最后接受极大的贿赂，也不会有感觉。比如一个主任的地位，忽然降调至一般的小职员，任何人都会觉得难堪。最好的方式，就是电梯的方式—— 一个阶段一步一步地来。

要由主任降到一般职员，最好是一级一级地降下去。

2. 使之说出真心话的套法

以前有一个电视节目，内容是邀请多位政治家，来询问他们的意见和想法。做法是：先将他们隔离，然后以连珠炮的方式问些难以作答的核心问题。

开始时各位都从容作答，但因主持人的步调极快，致使有些议员感到招架不住，但那位主持人根本不予理会。还是继续发问，而且问题越来越难回答，使得那些议员生气地说："开玩笑！这一类的问题怎么能在这种场合回答，我拒绝作答！"然后便愤愤离去，而摄影机也拍到了他们离去时的镜头。

一定会有许多观众认为事态严重了，殊不知这些议员已在不知不觉中陷入了圈套。一般说来，政治家们在平常的会议或记者招待会上，都是以一本正经的态度，做些官腔式的答复，根本没法看见他们的另一面。这个电视访问就是为了想听听他们说出真心话而特别设计的。对于平常不容易听见的话，让他们在大家面前脱口而出，就是这一节目的最大目的。但他们都是一些身经百战的政治家，在一般情形下很难使其就范，尤其是他们身处居高临下的地位，自尊心自然相当强。果然不出所料，陷入了电视节目特别为他们布置的陷阱内，本来在会议上都高谈阔论，然而真正问及难以启齿的话时，就板起了面孔而露出真面目。

不论什么人，一旦感情爆发了，大多会失去理智而说出内心的话，这样一来就不难掌握住他的心了。所谓的说服，至此已成功了一半。

由此可知，要套出对方的真心话，最好的方法就是让他们生气。对于不轻易开口的人，如国家情报工作人员，也有办法让他们启齿，那就是传播工作者落井下石的采访方式。这种方式也适用于男人应付女人，如果她是一个难以应付的女人，只好先惹她生气，触到她的痛处，或许她一气之下会先给你一记耳光，但这一记耳光表示你已攻破对方的心，这是一种成功的作战方式，虽皮肉受了点儿疼痛，但回想起来是相当甘甜的。

对于隐藏真心话的人，就要故意使他生气，便能使他说出。

3. 隐瞒自身缺陷的做法

当我们抽闲去逛商店时，在商店内往往可看到这样的一个假招牌，是贴在商品上的一个牌子，牌子上写着“谨防假冒品”，顾客便认为这是货真价实的商品，高兴地将它买下，不料事后发觉它竟是假冒品。像这种情形，一些人或许也曾经历过。

同样的手法也用于一些路边摊，虽然卖的是假冒品，但他们一本正经地向顾客说：“唉！世风日下，最近有很多的假冒品，更是让人防不胜防，所以你们以后买东西千万得小心！”而给人来个亲切的忠告。

于是许多主妇便信以为真地买下了它们，但不料竟然是一些假冒品，原来那些路边贩卖者竟是销售假冒品的不法之徒。

如此一来，倒霉的便是以后出现的推销员。因为这些主妇们上一次当也学一次乖。以后的推销员，即使推销的是一些货真价实的商品，也不易取信于她们了。

这种做法的要点，就在于抓住了一般人的心理。因为不论自己是怎么样的一个坏人，也绝不会说出自己的缺点，而先说一些别人的坏处，以证明自己不是坏人，让一般人的心理产生一种错觉，他们就是巧妙利用这种人性的弱点，使人们上当的。

这时那些“坏人”也绝口不提自己是例外的，而让人们自己去感受，所以他就拼命地指责别人的缺点，巧妙地将顾客的注意力移开，待产生了错觉以后。就会让人认为他自己是例外的。

看来这不过是在哄小孩，但被骗的成人也还大有人在。现在这种手法虽被我们拆穿了，但俗话说：“道高一尺，魔高一丈。”他们或许会以更高明的方式来骗人，所以还是要多加防范。

缺德的生意人常以“谨防假冒品”来取信消费者，而将假冒品售出。

4. 赢得主动权的斗法

在日常生活中遇见困难，当我们打电话给119或110求援时，那些消防人员或警方人员通常都以从容不迫的口气来应对，这是由于他们受过了专业训练。

当我们要通报罪犯及火灾的情形时，多因行动而显得词不达意，但是当负责接听的人以从容不迫的口气应对时，通报者自然会被吸引住而冷静下来。但也有些通报者会由于情况已如此紧迫，对方竟还如此优哉而感到生气，但是在这通话的过程中，他会逐渐冷静下来，意识也变得较清楚，而做出了较正确的报告。

如果相反又会有什么结果呢？

“什么！失火了！在哪里？那糟了！好的好的，马上派人去！电话号码！喔！不不，你将地址告诉我！”

假如是以这样的口气通话的话，那么通报者可能会连地点都说不清楚的。

通常演说家与相声演员要上台表演时，都是从容不迫的。他们以慢条斯理的动作上台，然后环视听众，最后才从容开口。从上台到开口这段时间相当长，这时听众早已迫不及待地想听他演说。而他就是这样紧紧抓住听众的心理，才慢慢开口，这样一来，听众对他所说的每一句话都不会轻易放过。

在日常生活中也是一样，当遇到人家提出抗议的时候，最要紧的就是安抚他们。因为对方处于激动状态，我们即使对他们说些正确的话，对方也听不进去。这时我们就要设法将对方引入自己的圈套。

当然首先要听取对方的意见，接着给他们倒杯茶，然后拿笔记本，动作要缓慢。这样，即使对方来势汹汹，但是因为你的步调与他不能配合，使他有泄了气的感觉，于是，他就会渐渐冷静下来。如果到了这种地步，则表示已成功了一半，然后才开始导入正题，甚至可以用主动的姿态进行。

有些出租汽车公司设有处理车祸的部门，且大多由一些老手负责。当有人向他们提出抗议时，他们时常都以慢吞吞的动作，甚至连答话也慢条斯理，以把激动的抗议者完全握于手掌心。至于要掌握住对方的心，并不一定开始就要以巧妙的口才来说服他，倒不如以从容不迫的态度来使对方就范。

当对方情绪激动时，我们不妨以从容不迫的态度来应对。

5. “装蒜”式的技巧

明知故意不知，这是“装蒜弄假在交际中的一种常用手法”。

我们在东南亚旅行时，目睹了一起扒手扒窃旅客钱包的事件。因该地治安一向不好，所以此类事件并不稀奇，但被捕的扒手的言辞却颇耐人寻味。

当他正要把得手的钱包交给同伙时，却出其不意地当场被逮住。

若是一般人多会说声："对不起！"即了事，但这位扒手却面无愧色，反以看热闹的神态讪讪地笑着说：

"我又哪里错了？确实，要是我将钱包带走的话我就是小偷，但是现在我人还在这儿，并没有逃跑呀！怎能算是小偷呢？"

这样的理由在世界上任何一个国家都是讲不通的，当然这位扒手还是被逮捕了，但想起这位扒手也真有一套，自己做错事还装蒜，反而神色自若地表示他并没犯错。因为，如果一开始他就说对不起，则表示承认了自己有罪。既然犯了得不到人家原谅的大错，倒不妨装个蒜反问人家，或许还能扳回局势。

据说在欧美国家，即便自己引起了车祸也绝不向对方道歉，因为如果道歉了就是承认自己的"非"，就得负全责，所以，直到最后也要贯彻自己的"是"，对自己的"非"则以装蒜来掩饰。与其打算嫁祸于人，何不来个先发制人。如果轻易承认自己的"非"，连毫无关系的错误也会推到自己身上。所以即使是自己犯错，也要理直气壮地掩饰过错，将对方引进自己的圈套。

但在这个节骨眼上值得注意的是，要保持冷静，也不要先道歉，更不要说："事情已经发生了，你说说看要我怎么做？"之类的话。

如果表现出自己软弱的一面，不但不能将对方引入自己的圈套，反而会被对方操纵。所以表面必须冷静，始终要装蒜，则最后的胜利必定属于你。如果认为自己已居下风时，就必须冷静地应付，并且慢慢地将对方引入自己的圈套。

第八节　给对方“下套”的技巧

最能干的人并不是那些等待时机的人，而是运用机会、攫取机会、征服机会、以机会为奴仆的人。（卡耐基语录）

我们为不愉快而生厌恶！在当初原本可以很愉快、容易地做好的事，迁延了数日，就要见厌烦与困难了。（卡耐基语录）

在说话过程中，不妨突然把音量放低，或是沉默下来。这样对方反而会走近洗耳恭听。这是为人处世的一门艺术，讲究技巧性，这种技巧就是要让对方陷入自己的圈套中。

（卡耐基语录）

1. 当对方举棋不定时

在许多大学里做过这类实验。譬如把一张有钟表的照片让某一个人来看，过一会儿再问他刚刚照片上的钟表里的时间是不是9点，若照片内的时间是10点，就不要问他是几点，问他是3点或9点，对方会回答是9点，因为他看照片时并不曾刻意地去注意几点钟，而只隐约有印象。所以只有两个选择时，他便选择其中较接近的那个。

有一位太太对做媒真有一手，只要有人还处于结婚与否的徘徊状态，不管男女她都有百分之百的信心撮合他们。

一天，他们夫妇二人一同到我们这里，于是我们便请教她的秘诀。据她说，当对方举棋不定时，你就直截了当地问他："是恋爱方式还是见面方式好？"而不可问他举棋不定的理由。要是他在这两者中做了选择，就表示事情已成了一半。接着才开始谈结婚的事。

想想他们举棋不定的理由，可能是他们对选择对象很感渺茫，使选择范围加大，不知如何取舍。当你遇到这样的人时，就暂时不提选择对象的问题，而对他提出选择恋爱方式或见面方式，于是对方便会有"结婚这个问题已解决了"的错觉，而做一选择。同样的道理也可利用于其他场合。譬如一位银行职员要动员人储蓄时，先不要问要不要储蓄，而必须要问"要活期存款抑或定期存款方式"。

2. 最后摊牌的使用

有许多人对一件事总是迟迟不敢下结论，尤其是在谈生意时，最感棘手的就是碰上优柔寡断的人，在现代繁忙的社会，如果要等这类人做决定的话，则根本做不了事。不但如此，在等待的这段时间里，又不知他会受什么情况干扰，而更下不了结论。到底是什么因素使他们如此的优柔寡断呢?

其中"时机未到的意识"以及"等待更好机会的意识"占有很大的部分。即"反正还有时间，再考虑考虑或许有更好的结果""还有时间再继续等待，应当会有更好的机会"等这类的期待感，使他难以下决心。对这样的人，如果给他长时间的考虑简直是浪费时间，倒不如设法催他早做决定。

不管他有没有时间，或能否获得好结果，给他来个"最后通牒"，让他们觉得自己的期待是毫无意义的。所谓"最后通牒"，就是"为了使某项纷争能和平解决，而提早切断交涉，把自己的最后要求提出，如果不为对方接受时就必须采取行动”。我们要用它来粉碎所谓的“还有机会”“还有更好的机会”等不切实际的心理。

本来人对“最后”这一字眼就很难承受。更加不可思议的是，只要你这么一说，原本做不了决定的事，就非下决心不可。

有很多人往往会买下原本不想要的东西，纵然是一个很容易做决断的人，往往也不能例外。譬如对方如果说这是最后机会，就会使人感觉不买太可惜，便买了下来，因为即使再等也得不到更多的利益。就这样不让人有多考虑的余地反而能促使其早下决定。对优柔寡断的人，必须用“最后通牒”的方式断绝他的“时机未到”的念头和“还有更好机会”的念头。

3. 使对方陷入圈套

在说话过程中，不妨突然将音量放低，或是沉默下来。这样对方反而会走近洗耳恭听。那么怎样使他自动处于听话的姿态中呢？这是为人处世的一门艺术，讲究技巧性，这种技巧就是要使对方陷入自己的圈套中。

对付没有诚意听你讲话的人，最好的办法是故意沉默下来。

有个作家亦是有名的辩才，在文坛会议上，如果是其他人发言，台下通常显得十分嘈杂，但只要是他一开口，会场必定会鸦雀无声。某次他在会议中被请上台发言，上台后他却一言不发，待全场安静之后，他才抓住机会说了句话：

“到底是哪些家伙吵得很哪！静一静吧！”听众一听就被他滑稽的表情吸引住而大笑了。

在他的演讲会场上，若是台下听众有吵闹声，他就故意将音量放低，或故意不出声，那些听众反而会想“他到底在说些什么”或“他为什么不说话”而将注意力集中过来。相反，听众声音愈吵，你的声音也愈大，即使你唾沫横飞，听众也无动于衷。

同样的道理，当一对一时也是这样。如果一方拼命在高谈阔论，而另一方却毫无反应，或在看报纸爱听不听时，你越是拼命说，越是收不到效果，而一定要使用技巧，巧妙地使对方居于下风，他才会听你说话，若是你不改变方式，对方就会一直将你的话当耳边风，渐渐变得更为冷淡。

4. 反获成效的说理

曾有一篇文章，内容叙述了某社会名人的孩子在学校挨了顿骂后便非常怨恨他的老师，甚至想“给他一点颜色瞧瞧”，他父亲听了也附和道：“既然如此，不妨就给他点儿颜色看”，但接着又说，“纵使你达到报复的目的，你却因此而触犯了法律，还是得三思而行”。听父亲这样一说，儿子便取消了报复的念头。

另外还有一个例子。

某太太认为她丈夫很不像话，于是便向朋友诉苦，她满以为朋友会劝她打消离婚的念头，不料那位朋友却说：

“如此不像话的丈夫，趁早离婚也好，免得将来受苦。”

这位太太听朋友这么一说，反倒认为：“其实，我丈夫也并非坏到这般地步。”然后收回了离婚的念头。

假如有一个人站在高楼顶上欲跳楼自杀，而旁人也在拼命说些“不要跳”或“不要做傻事”之类的话，更是助长了他跳楼的意念，相反，若你说：“如果你真想跳的话，那就跳吧！”

他必定会觉得很泄气，不料旁人竟不予阻止反鼓励他跳下，这完全是背离了他原先的期待，这种对于劝阻的期待，一旦为他人背离反会失去原有的意念。

对“想死”或“想分手”的人，不妨从旁鼓励，这种鼓励比禁止还来得有效果。

5. 巧用理论的方法

在交谈中偷换概念，或巧用理论会产生不错的效果。

美国专栏作家麦克宾的代表作《八七分局记事》，内容描写有关警察的生活情形，由于手笔轻快所以十分吸引读者。

两位刑警面对嫌疑犯进行盘问时，以带有相声性的幽默问答，巧妙地使嫌疑犯在不知不觉中走进他们的圈套中。本来一般嫌疑犯都是不轻易将事情的真相透露出来的，其防御心应如铜墙铁壁般坚固，至于怎样攻破，就视你如何运用说服的技巧了。

日常生活中最难说服的人，就是说话一板一眼、有条有理的人，对这种人，即使你有多正确的理论也会陷入他的圈套，因为你只有一味地听他说话的份，叫他认为你已承认了他的优越地位，在不知不觉中你便已屈居下风。

遇到这种情形，最好的方法就是扰乱对方的圈套。譬如听他说话时可带有些藐视的态度，说些“喔！原来如此”或“嗯！你说得很有道理”等类的话语，并且要说得很频繁、很密集，还得不时做出东张西望、无所谓的神态，而对方见你这种反应就感觉自己说的话一点儿也不受重视，于是说话便不带劲，而我们就必须趁此机会提出反论调予以驳斥，即可轻易将对方击败。

像这种方式也可运用在会议上，一般接受质询的对方都是以事先拟好的稿子来作答，如用一般的方式发问则很难有所突破，但若遇上某些老手对他们的答复只予点头或做些小动作以表藐视对方的话，则很容易套出对方的真心话。所以用正面理论来对抗是不易攻破对方的，而必须用这种击溃对方心理的战术来对付。

对付喜欢做理论攻击的人，不妨多给予藐视性的回应让他泄气。

6. 晓以大义套对方

一个人可能会同时具有想去相信人，但又感觉很难相信别人的两种心态。谨慎而顽固的人多持不信任人的态度，并以这种心态来左右自己的行为。他并不是没有相信人的意念，但他更具有希望人家能信任他的强烈意念。对于这种人，就必得事先为他设计一套理由："你这么做，不但对你自己，对他人也是有帮助的"，来晓以大义，方能将他说服。

譬如，一位宝石或毛皮的推销员对一个正在犹豫不决的主妇说："你用这些东西一定可以使你更美，而你的先生也会更喜欢你。"

这句话的含意是说你这么做并非全是为了自己，同时也为了你先生。她必定乐意买下。如果更进一步地说："即使你买了它，若想脱手也能高价卖出，这样对于你的家，又何尝没有帮助。"对方一听，必定会认为她买下这个东西并非为她一人，也是为了家，等等。

这种方法并不是只适用于商场。

日本古代名人丰臣秀吉有一次想没收所有农民的刀枪铁器等，但遭到了农民们的激烈反对，由于他们受过太多的欺骗，对那些统治者也早已恨透了，此时若以强压手段必会引起农民的反感，于是他便灵机一动说："这次我要将这些没收的武器用来制造寺庙用的器材、铁钉等，以便使民众得以供奉，并且为了国家、全民，更需要百姓专注于耕作上”。于是农民们便都心甘情愿地将武器交出了。

本来那些农民不肯交出武器，但经秀吉晓以大义，便觉得没有什么不可为的。然而，他们还是上了秀吉的圈套。

对一个正在犹豫不决的主妇来说，最好的办法是对她说“为了先生”等类的话语，必定很容易将货品推销出去。

第九节　学会幽默

笑是一种外在形式。假如我们的语言是内容，那么幽默该是衬托内容的形式了。这一形式可弥补内容的缺点，并把内容引向深入。（卡耐基语录）

无稽荒唐、蛮不讲理的话题会激起人们哂笑。因为，人们在日常生活中见惯了有条有理乃至天经地义的东西，一旦接触到荒唐无稽的东西自然会笑出声来。（卡耐基语录）

对话中幽默的插入能预防争吵、消除隔膜，春风般温柔地化解对方的不满。特别是在双方相互疏通受阻，争得面红耳赤，无法接着对话时，幽默的力量可谓是巨大的。（卡耐基语录）

1. 幽默的魅力

印度著名领导人甘地在袒露自己内心的忧郁和不安时曾说：“假如我没有陶醉于幽默的时光，也许会自杀的。”具有异乎寻常的毅力、钢铁般的个性的这位印度之父，总是偏爱幽默，愿与他人谈笑风生。

诚如斯言，幽默堪称人生的兴奋点，没有幽默的生活将枯燥乏味，好像荒凉的沙漠。幽默是在自我之外观照自我的一种超自我形态。所以，它可成为沉浸在惰性中的人生的一帖清凉剂，滋润你我的生活。

对话中幽默的插入能预防争吵、消除隔膜，春风般温柔地化解对方的不满。特别在双方相互疏通受阻，争得面红耳赤，无法继续对话时，幽默的力量可谓是巨大的。

如果双方达不到共识，心生龃龉，你不妨露出笑容，以幽默打破僵局。通常，引人发火的不是什么大事，而是一些鸡毛蒜皮的小事。可一旦谈崩了，对方就会心灰意冷，进而失掉进一步对话的愿望。丧失对话的愿望，可是重大失败的征兆。因为无论在任何情况下，疏通都要比沉默来得积极些。

幽默有着以机智渡过难关的力量。无论对方如何生气，一旦触到幽默，就会忘记不快的过去。笑是一种外在形式。如果我们的语言是内容，那么幽默该是衬托内容的形式了。这一形式可弥补内容的缺点，并把内容引向深入。

卡尔拉尔曾经就“争论”有过精辟的观点：“真实的幽默与其说源自头脑，不如说发乎内心。不要做言辞的奴隶。当你和别人争论时发火，那这争论就成了你为自己辩解的无谓的争吵。”他指出，在发生争吵时，应最大限度地利用微笑的力量，弱化争吵的要素。

2. 重复失误也会被人视为幽默

有个年轻人尿急，闯入公厕，却没有看见门上的“女”字，连敲都不敲，一把拉开了门。不料，里面是位漂亮小姐。

年轻人张皇失措，推开门就蹦了出来。一会儿，他觉得不妥，又重新拉开门，向那女郎鞠了一躬并说："对不起了，小姐。"

这是一个幽默故事的情节。故事里的年轻人不是失误一次，而是接连失误，但令人忍俊不禁的是他的第二次失误。女厕里的小姐一开始只是感觉这人不可理喻，感到很生气，但见到那个年轻人接连失误，也只好大声笑了起来。

仅一次失误，有时会毁了整个人生，正是"一失足成千古恨"。即使那个失误是非常细小，不值一提，但给人的刺激也会是非常巨大的。可是，接连重复同样的失误，即便是铁石心肠的人，也难免会一笑。因为，一次失误也许是故意的，是出于恶意的。可同一个人接连犯同样的错误，就会想到他或许是无意的，并无恶意的。

有两个人是同事。A因为儿子不成器，气呼呼地上了班，而B却因为儿子考上了大学喜不自胜。B一上班，没看见A的脸多云转阴，自顾自地叫了起来。

"喂，我儿子考上S大法律系了。"

要知道，S大可是全国数一数二的名牌大学。B不顾A的反应，还在唠叨着："怎么样？你儿子可比我儿子强多了吧？"

A哭笑不得，只好应了一句，"恭喜你，我们还是不要谈了吧。"

A有些生硬地说出这句话，就埋头于自己的业务。他真想找点儿理由跟B吵一吵，可还是忍住了。

谁知B君还是不依不饶地说："喂，我听说你儿子也是学法律的？我们赌一赌好吗？看谁的儿子先通过国家考核？"

听到这儿，A不禁哑然失笑。他觉得B这个人太好笑了，怎么能哪壶不开提哪壶，偏说别人的伤心事呢?

不断重复失误，会让人发笑。再大的失误继续重复时也会被人视为幽默。

正在直播的电视播音员见到导播提示时间快到了，不由得脱口说出：“啊，时间快到了，让我打住呢，那……”一抬头又看到还剩15秒，就改口道：“啊，还有点时间，那我向大家介绍有趣的节目吧。”播音员竟然又向听众说起一场音乐会，导播急得直打手势，他就说：“啊‘音乐会嘛’都差不多了，再见。”

荧屏下的观众自然会笑得喘不过气来。

3. 出人意料的幽默语言

不管什么事，人们自有自己心中的期望值。而遇到与期望值大相径庭的结果，人们有时会哑然失笑。

作为幽默作战之一，采用急转直下、出人意料的方法，也是利用了人们的这一心理，即遇到突发情况会情不自禁地发笑，而不是冷静地考虑事态后果。

要引发戏剧变化的结果，首先要使对方相信一定会有理所当然的结果。这时，可以做不动声色的暗示或诱导，对方一旦根据暗示期望顺理成章的结果，当结果和期望大相径庭时就会大笑不已。

一位美丽的女演员曾向著名作家萧伯纳求爱。

女演员自以为颇有情趣地说：“先生，假如您出色的头脑和我的美貌相结合，会有多么出类拔萃的后代呀！”

萧伯纳不动声色地回答说：“假如是我丑陋的外貌和你愚蠢的头脑相结合，又会怎么样呢？”

漂亮的女演员本以为自己的提议会受到萧伯纳的热烈赞同，听见这出乎意料的回答，只好收起非分之想。

这是喜爱登山的剧作家O君的一段逸闻。

O君性格幽默，其诙谐机智的谈笑在圈内颇有口碑。在一次聚会上，他给大家出了道谜：“那是我上次攀汉拿山的时候。山上突然刮来一阵寒风，一条活蹦乱跳的大鲤鱼落在我面前，天啊！那鱼还活着。这样的地方，哪来的鱼呢？我百思不得其解。这时，不知从什么地方传来‘喂！喂！’的叫声。我吓得扔掉鲤鱼就跑。这是怎么回事呢？”

是啊，这到底是怎么回事呢？在座的亲朋好友不禁琢磨起来。大家七嘴八舌地说着，可没有一个说对。谁也说不清崇山峻岭上怎么会有大活鱼，空无一人的山上怎么有呼唤人的声音。解铃还须系铃人，大伙只好把探寻的目光移向O君。

于是O君微微笑着，说：“好一帮没脑子的家伙，那会是什么？梦呗，就是我昨夜做的梦！”满座掀起哄堂大笑。

这突如其来的结论引发了爆笑的巨浪。

英国某公园常聚集着一群有志从政的年轻人。有一天，一个青年当众发表慷慨激昂的演讲：“我们大家去火烧伯明翰宫，以触动当局者猛醒吧……”围观的群众越来越多，终于占据了车道，引得警察出动。群众自然要注视警官的动静，可那警官开口说的竟是：“诸位！想烧伯明翰宫的请排右边，其余的站到左边来。”人群中响起一阵笑声。

4. 利用过度的夸张来诱发大笑

将司空见惯的事加以扩大或虚构就是夸张的语言。在正常的对话中，夸张往往会被视为伪善或浮夸，很难得到他人的信赖。但是，当对方关闭心扉时，不妨用夸张这一武器诱发大笑，沟通双方的情感。

夸张的手法可利用实际存在的东西，也可利用实际存在的无形的东西。

棒球解说员在评点投手的球技：“那位投手的球速慢得像老大爷的脚步呢。”可这点儿诙谐远不能引人发笑。

“球慢腾腾地飞着，哎呀，我都看清楚了那球是哪家公司出的。”这当然是夸张，却能够引发大家开怀大笑。

有个人到茶座要了一杯咖啡。小姐麻利地端了上来，客人一品尝却觉得太甜了。亏得那人机智幽默，问小姐：“小姐，你们这里是往糖里兑咖啡吧？”小姐闻言，捧腹大笑。我们不禁为那位顾客的幽默拍手叫好，既批评了咖啡太甜，又不使对方太难堪。

语言的表现力可以说是丰富多彩的，同样的内容，因所盛器皿不同，其味道也会全然不同。表现得庄重一些，虽说让人感到真诚却有说教意味；表现得浮夸会让人觉得虚伪；只有表现得幽默才能开启对方的心扉。

5. 荒唐无稽的话题会激起人们的哂笑

荒唐无稽、蛮不讲理的话题能激起人们哂笑。因为，人们在日常生活中见惯了有条有理乃至天经地义的东西，一旦接触到荒唐无稽的东西自然会笑出声来。

树州卡莱鲁先生有个令人忍俊不禁的逸闻。

那是因“6·25”事变，全国处于战争状态时的事。酷爱杯中物的树州整天喝得酩酊大醉。而当时的状况是人们连三顿饭都没有着落。有个朋友惊讶地问：“喂，我看你手头也不宽裕，哪有钱整天喝成这个样子？”树州坦然答道：“钱？我哪有什么钱？还不都是别人请客？”

说起来，树州有秘而不宣的揩油秘诀。他一碰到熟人或弟子，总会说：“哎，今天是我生日，咱们喝一杯吧！”别人听到这话，总要解囊为他买酒。

久而久之，戏法也有不灵的时候。那些为树州买过酒的弟子们聚在一起，说破了树州的骗术。弟子们于是围攻他：“老师，您也真是的，怎么能拿生日骗我们呢？”树州却面不改色地说：“我说你们哪，这战火纷飞的日子里你能活着喘气，不就是生日嘛。”弟子们听后捧腹大笑，叹曰：“老师到底是老师啊！”

世界上其实有许多不谐调之处。譬如，小偷与警察的共存是不谐调的，小说家和评论家的同在也是不谐调的。可是人们在生活中往往有意无意地忽略这一点。所以，当有人指出这一点时，他们会突然联想起许多社会现象，并感到很可笑，直到笑出声来。

有一对夫妇，因邻家总招来小偷，战战兢兢过着不安的日子。妻子于是哀求丈夫每晚不睡觉，盯着小偷。这个丈夫本来就是胆小鬼，让他这么做，简直是要他的命。一天，他坐立不安了好久，不知想起啥，卷起袖子就走出了房间。半晌，妻子见他若无其事地回到家，一副胸有成竹的样子，就拉住他问："你抓住小偷了？""没有，可小偷绝不会来我们家，你放心好了。"

妇人不知道丈夫用了啥高招，便推开房门走出去看了看。谁知，自家的大门不知叫谁踹烂了，胡乱堆在一旁。妇人哭笑不得，回家责问丈夫。且看丈夫怎么回答："哎，我去邻居家都打听过了。他们说大门关得死死的，还是挡不住小偷。可我们家连大门都没有，再有能耐的小偷也进不来，你说是不是？"

这故事跟"酒是人类的大敌，我们应喝光它，进而消灭它"的笑话有异曲同工之妙。

第十节　幽默的效果

笑就是我们的力量，它可以帮助我们建立人类的互爱和美满人生，它可以帮助我们完成美满的事业。　　（卡耐基语录）

所谓幽默是到嘴的肥鸭飞了竟然还能一笑置之。幽默乃是对尊严的肯定，又是对人类超然物外的胸襟之明见。

（卡耐基语录）

要引发戏剧变化的结果，首先要使对方相信肯定会有理所当然的结果。这时，可以做不动声色的暗示或诱导，对方一旦根据暗示期望顺理成章的结果，当结果与期望大相径庭时就会

大笑不已。（卡耐基语录）

1. 幽默和机智能使人忘却恐惧

面对不安和紧张的瞬间，人们无不希望转变心情，但要真正做到临危不惧却是难上加难。因为，恐惧可说是上苍给人类的礼物，无论什么时候，当周围环境出现异常时，人们总会因恐惧与紧张，陷入深深的不安当中。

幽默和机智是能够使人忘却恐惧和不安的唯一途径。引人发笑其实是很难的。但幽默往往使人由衷地笑出来，人一旦开怀大笑，恐惧就会烟消云散。因此，我们可将能够引人发笑者称为语言大师。

《机智语言》的著者前田的逸闻中有这样一个故事。

那是他乘坐飞机从夏威夷飞往日本的事情。机内有一位年轻的日本女郎。她说自己嫁了个美国丈夫，这是要带着将满周岁的小宝宝，到日本的外婆家过生日去。这时，机长突然播出了如下内容的通告："尊敬的旅客，由于飞机第二引擎的发动机出现故障，本次班机只好飞回夏威夷，请原谅。"

突如其来的通报使前田和机内的所有乘客沉浸在深深的不安当中。而且，返回夏威夷要经过日期变更线，那小宝宝的生日将随之消失，前田感觉这事好为难。于是，他环顾了一下周围的乘客，说："朋友们，这可爱的小宝宝的生日没法按时过了，我们就让他在机内过个愉快的生日吧！"人们纷纷赞同，于是机内荡漾起"祝你生日快乐"的欢快旋律。

此时此刻，人们仿佛忘记了自己的处境，一心为可爱的小宝宝祝福。

借助这不易出现的转机，前田机智地加了几句话："各位乘客，我想飞机飞回夏威夷不会是发动机出了故障。可能是这个飞机的机长突然拉肚子了吧，他也想憋着飞到东京的，可实在憋不住了，只得就近飞回夏威夷方便方便。”

乘客们听到他这荒唐透顶的话，一时感觉可笑之极，无不捧腹大笑。这样，人们忘记了因发动机出现故障而引起的恐惧和不安。飞机平安地飞回了夏威夷。

前田的故事启发我们，所有的不安、焦虑、紧张等心理，一旦引发为大笑，将不再给我们造成沉重的心理负担。

安秉煜教授为人类“不安”心理下了如此定义：“所谓的不安是我们的生命和生活在面临某种威胁时感受到的情感。”诚如此言，我们的一切生活势必带着某种威胁的可能性，有时这种可能性还会化为活生生的现实。这时，你若是能把心底的不安化为大笑，有可能使不安烟消云散，这该是幽默和机智的魔力了。

2. 用笑搪塞因失误而产生的歉意

那天走在大街上，突然感觉前面一人很眼熟。定睛一看，竟是我久未谋面的好友D君。我喜出望外地跑过去，用劲拍了拍他的肩膀。“D君！”那人闻声回头，我这才发现他竟然是个陌生人。面对难堪我决定用笑搪塞，随即“哈哈”开怀大笑起来。对方一时感到茫然，旋即明白了是怎么回事，于是跟着我笑了起来。我们毫不见外地握了握手，一起喝了杯茶。

那是我夏天在纽约遇到过的真人真事。当时，我一直在想，自己在纽约不会遇见什么熟人，可就是碰见了D君，一时喜出望外就造次了。幸亏自己急中生智，大笑一通掩盖了尴尬。

这样的事情，我们在生活中不乏见到。在饭店就餐时，想往汤里放盐却放下了糖或味精之类的佐料，放错了的人会借助傻笑自我解嘲。

这是林肯的故事。

一天，林肯在总统官邸前拔草，有位州长来访。州长面对正在拔草的林肯，居高临下地问："喂，总统在吗？"林肯一边回答"在，请您稍候"，一边走回办公室，换了一件衣服出来。州长的慌张是可想而知的。试想一想。他把堂堂总统看成守门人，该是多么窘迫。亏得那人还算机灵，他立即大笑起来，用笑声摆脱了难堪。

错觉和失误会引发大笑。我们看见笑星的表演之所以会开怀大笑，也是因为他们扮傻，超出常理的行动令人忍俊不禁。

看卓别林在《摩登时代》里的表演，大概没有人会绷得住脸。

那个可怜的工人在工厂拧螺丝拧出了毛病，以至于乘大客车时看到乘客的纽扣就情不自禁地拧了起来。

这是因失误引人发笑的例子。

近日来到街上，多见长发青年，又长又亮，不亚于女人的秀发。因这奇特的发型，闹出的笑话也很多。

看见走在前面的长发小伙子，有个小姐脱口说出："哎，那女的头型怎么像男的？"待那人一回头，才知其实他就是个男人。有的人因其飘飘长发，被人笑为"三十岁的小伙子"，其实他已经六十了。

不管怎么样，这样那样的失误易引发大笑，因为人们大都想用笑搪塞因失误产生的歉意。

3. "微笑天使"易打开人的心扉

"人悦悦己者。"这是五百年前罗马诗人赛勒斯的一句名言。

无论何人，只要知道自己的存在可以带给人快乐，而且别人都能津津有味地听他每一句饱含幽默与机智的话语，就无不感到由衷的喜悦。因为，这折射出你的魅力和人缘。

“我好喜欢你，你给大家带来了欢笑。”试着想想，听到这样的恭维，谁会不高兴呢！

哈佛大学教授詹姆斯指出：“看上去感情引发于行动之后，其实不然。行动与感情是同时生成的。”

依据詹姆斯教授的理论，感情受到了刺激，引发了行动。因此，听见别人说喜欢自己时，势必会引起感情的冲动，那微笑就会情不自禁地浮现在脸上。如果你的谈话对象缺少幽默感，那么你不妨利用这一技巧，让人笑出来。

我的语言讲座班里有个叫C的女职员。她供职的广告公司的职员都各自忙着自己的业务，见面几乎都不说话。C深以办公室缺少幽默与欢笑为憾，想以号称“办公室老虎”的企划室长P君为对象，展开自己的欢乐作战。

P君不只沉默寡言，还非常神经质，你有错处他能铁面无情地指责你，但你若有什么长处，休想见到他给你一个好脸色，真是一个铁石心肠的汉子。C小姐详细征求了我的意见，筹划好了作战方案。

第二天一上班，见到企划室长，她开口便说：“哎呀室长，您今天怎么了？满面春风，是不是有什么好事呀？”弄得室长摸不着头脑，露出羞涩的神色：“什么？是吗？”C小姐抓住这个机会，展开恭维战术：“是啊，看着您的脸，连我的心情都好起来了。”室长似有所悟，从此看见下属总是露出微笑，一改昔日冷冰冰的模样。

人们无不期盼受到别人的注目。只要不是坏事，总想处在人们舆论的中心。因此，有人若是赠他“微笑天使”的美誉，大概没有人会不感到由衷的高兴。被圈内人士公认为资深推销员的P君，将自己待人接物的诀窍归纳为这样一句话：“以微笑开始，再以微笑结束。”他介绍说，你从头到尾朝着人微笑，对方就会觉得“看来我能使他高兴”，就会以愉快的心情接纳你。这种技巧适用于任何性格的对象，具有打开人心扉的力量。有句俗语“笑能招福”，你有能够笑出来的心境，就不难引发别人的笑容。林肯曾称这样的现象为“幸福的生活存在于幸福的感觉中”。

4. 沟通心灵的自嘲幽默

自嘲幽默法是一种最高层次的幽默手法，也是最有效果的幽默方法之一，具有很高的实用性。

人们在社交生活中，有时即便讲出了一些很惊人的妙语，很深刻的哲理，对方还是茫然、木然，心不在焉。这就是说你如果不能缩短你与对方的心理距离，打不破竖在你们之间的那堵透明的墙，你自己最终就会丧失驾驭他们的信心，直至你在社交中垂头丧气地败下阵来为止。

要打破这堵透明的心理隔阂，将对方的注意力提到一定高度，最具强烈效果的就是自嘲——一种列入最高层次的幽默。自嘲无非两种：一是嘲笑自己的短处如自己的长相，还有一种就是嘲笑自己做过的蠢事。

在社交生活中，自信可以说是人的一种生存要素，因为我们很难想象一个猥猥琐琐、顾影自怜的人，怎么能以一种独立的人格面向社会。而且幽默本身就体现着一种不被命运所羁绊的自信，这种自信体现最突出的表现就是自嘲。

自嘲，表现了一个人对自身价值和所处的环境有自知之明，这是一种可贵的自省精神，具有很强的内聚力，能够促使人们从相斥到相容再到互补的转化。所以，想幽默，先从自嘲做起。

现已退休的老人，虽然年事已高，却老当益壮。一日友人来访，问道：

“你看来完全没有变，你的长寿秘诀是什么？”

“没有秘诀，我一向乐观。”老人回答说，“天塌下来我也不怕，因为有高个子首先顶着。”

我们从这个快人快语中会不会觉得充满了自嘲精神？往深处想，还会发现一个敢笑自己矮的人，他的心灵自由度肯定很高。

自嘲幽默法不是故意贬低自己，哗众取宠，而是为了真实地再现自己的价值与高度。

喜马拉雅山最高，也被登山运动员踩在脚下；烈士墓很低，人们反而投去钦佩的目光。

嘲笑自己的缺点比嘲笑他人的缺点的高明之处在于把自己的珍爱和对自己的贬抑结合起来，以主动贬抑体现自己心灵的纯净，而对别人的调笑却没有如此强的珍爱和贬抑的反差与这么复杂的情感结构。

如今社会中家庭不和睦的原因很多，重要的原因之一就是谁都想维护自尊，统治家庭。所以，夫妻的矛盾最为突出，如果矛盾得不到调解，彼此的心理距离就会拉远，要缩短这种心理距离，就必须放弃指责对方的弱点，而主动表现自己的弱点，这样的方式就是自我嘲弄。尽量摆脱自我，这样彼此的心灵就会接近。

有一对夫妇吵得很凶，吵到后来丈夫感觉后悔，就把妻子带到窗前去看对面两匹马正拖着一车货沿路往山上爬。

“为什么我们俩不能如同马那样一起拉，拉上人生的山顶？”

“我们不可能像两匹马一样一起拉”，妻子说，“因为我们两个之中有一个是驴子！”

“那我一定是这头公驴子。”丈夫马上接口说。

当妻子说到“两个之中有一个是驴子”时，有两种可能，一种是妻子自己承认是“驴子”，另一种是说丈夫是“驴子”，而丈夫在这里为了进一步消除和妻子的心理距离，就不让妻子说出第一种可能，抢先主动说自己是头“公驴子”，间接地说明是自己的脾气不好。这就是自嘲幽默之妙。

第二章 沟通的艺术

事物本身不会使人不安，让人不安的是对事物的意见——那种议论纷纷，莫衷一是的结果。（卡耐基语录）

我永不因见解的差异而将自己与任何人分开来，或者因为他的看法和自己不相符而愤怒。（卡耐基语录）

第一节 沟通是意见交流

沟通不是说给别人听，也不是听人家说。沟通必须是双方意见的交流。如何去与人交流，那就取决于你沟通的水平了。

（卡耐基语录）

沟通双方相互以对方的角度看问题的时候，同步就开始了。于是，彼此都开始寻找共同点。各种共同点综合起来，沟通的可行性就大了。所以说，要沟通就得寻求同步。

（卡耐基语录）

在你的关系网里，应该有各式各样的朋友，他们能够从不同的角度为你提供不同的帮助。当然，你也要根据他们不同的需要为他们提供不同的帮助。这才是关系网应当具有的特征。

（卡耐基语录）

我们正处于一个合作的时代，合作已成为人类生存的手段。因为科学知识向纵深方向发展，社会分工越来越精细，人们不可能再成为百科全书式的人物。每个人都要借助他人的智慧完成自己人生的超越，于是这个世界充满了竞争和挑战，也充满了合作与快乐。

人际关系对于个人来说，无论在事业上、生活上，抑或学业上皆起着决定性的影响。有一本书中是这样说的，“忠实的朋友是人生的良药。”实际说来，朋友比良药还要好些。良药只用在已经生病的人身上，友谊则可让健康的人享受人生之乐——一种终生受用的乐趣。

这是一个合群的社会，个人的学识和力量是有限的，必须依助他人的学识及力量方能完成任务。在这世上，有不少人并非很有才华，但他们却拥有大笔无形的资产——良好的人际关系，就因为这无形资产，使他在各方面各领域都能平步青云。

英国的盖斯凯尔夫人在《玛丽·巴顿》一书中指出：“要是你有一个朋友，能将困难的问题分析得很清楚，知道应该怎样去对付；又能确定哪一个办法最聪明，最适当；一切的困难，到头来都迎刃而解，那真是再愉快不过的事了。”

人和人交往要遵循一些准则。我们经常说世界上没有两片完全相同的树叶。每个人都是独一无二的，每个人的特殊的遗传基因的组合，决定了他们有不同的生理条件；出身背景不一样，所受的教育不同，人生经历的不同等，决定了每个人都会拥有自己不同的思想情感、性格气质、思维方式。在一个文明的社会里，只要个人的行为不妨碍社会的健康发展，不妨碍他人的生活，它就有存在的权利，任何人都没权利也不能消除这种差异。因此我们不能指望得到每个人的首肯，不能与每一个人都成为知心的朋友，你也不可能喜欢所有的人，你可以不欣赏、不喜欢他，但是你不能轻视他，他只是和你不同而已，你要尊重这种不同；也不要在和别人交往中一味地迁就别人，从而丢掉自己的个性。中国有一句古语："君子和而不同"，意思就是有差别才有和谐。人与人的交往贵在求同存异，君子之间的交往是求和谐，但是并不是一味地投别人所好；小人的交往却是"同而不和"，凡事都说"好好好、是是是"，但相互之间却难得和谐。"和而不同"应当是我们与人交往的基本原则。

合作具有无限的潜力，因为它集结的是大家的智慧与力量；竞争的所得是有限的，因为它激发的是个人或少数人的力量。

合作就是个人或群体相互之间为达到某一确定目标，彼此通过协调作用而形成的联合行动。参加者须有共同的目标、相近的认识、协调的互动、一定的信用，才能使合作达到预期的效果。在合作中双方的目标是共同的，所取得的成果也是共享的。所谓竞争就是互相争胜，要有输和赢，一方以胜利者的面目出现，欢呼自己的胜利，一方则是失败者，在下面悄悄地舔着自己的伤口。一方的喜悦是建立在另一方痛苦之上的，而合作则是以寻求双方都赢为目标的。

那么，怎样来达到这一目标呢？需要意见的交流，也就是沟通。

每天早上，你从梦中醒来时，便置身于舞台。不管你是在什么行业、身处任何位置、在任何时间，你都是参与者。就算你独处于荒岛，你也会跟心灵沟通。作为一个独立的个体，你可能跟其他人之间存在着冲突和不协调。这些人并非个个儿都是敌人，相反的，更多的是亲人和朋友。做老板，你要和手下的员工沟通；做父母，你要和自己的孩子沟通；做丈夫，你要和自己的妻子沟通；做生意，你要和你的对手沟通；谈恋爱，你要和自己的情人沟通；总之，你还要和同学、同事等各种人沟通。有时还会跟一些赫赫有名、权力无边的组织机构发生各种各样的冲突，怎样化解这些冲突，将决定你是否成功，是否会拥有完满的幸福生活。这些，都决定了你需要沟通。

沟通不是说给人家听，也不是听人家说。沟通必须是双方意见的交流。如何去与人交流，那就取决于你沟通的水平了。

1. 沟通需要彼此认同

在实际沟通中，彼此认同是一种能够直达心灵的技巧，彼此认同又是沟通的动机之一。这样，在认同这个态度上，外在技巧和内在动机就结合得比较完美。认同经由同步而来，沟通关系都是从同步开始跨出第一步的。认同的目的几乎就是达到同步，这就形成了一个奇妙的进程：同步、认同、同步。毫无疑问，后一个同步是在认同基础上达成的共识和一致行动，相比前一个同步已经产生了质的飞跃。

同步是沟通的第一步。同步就是沟通双方经过协调后所形成的、有意要达到同样目标时所采取的相互呼应、步调一致的态度。它意味着沟通在经过彼此的默许与暗示之后正走在朝向顺利的路上。

沟通双方相互以对方的角度看问题时，同步就开始了。于是，彼此都寻找共同点。各种相同点综合起来，沟通的可行性就加大了。所以说，要沟通就得寻求同步。

寻求同步的原则是平等。它也许不是你内心对人与社会的真实看法，你也许认为人生来就不平等，人与人之间就是有上等人和下等人的鸿沟，天才和蠢人的差别，圣人和小人的区分，伟人和凡人的不同，但在与人交往的时候，你首先要遵守的第一条：就是平等。平等地待人，平等地处事，要让人感觉你与他在人格上是平等的。平等，它不是一个真理，却是一个法则，一个不可违抗的命令。

如果你违抗它，你将受到撕心裂肺的惩罚；如果你自傲，你将收获人们对你的仇视和愤怒；如果你自卑，你将赢得人们对你的蔑视和轻慢。只有平等，你才能与大家融合起来，获取人们的好感、喜爱和尊敬。

要使沟通双方都有同感。同感就是共同感觉。人其实也是感觉动物，每时每刻都被上千种信号所刺激。但是，这样多的信号为什么不会使我们手忙脚乱呢？这是由于人脑的处理功能很卓越，它只挑选最重要的感觉供我们判断。

人的全部感觉被五种器官分享，因而可以分为听觉、视觉、触觉、味觉、嗅觉。其中，只有味觉是由内在器官舌头分享的，其他几种是外在的。但是，嗅觉也可以说是内在的，因为鼻子总是端端正正摆在脸上，没什么动感。所以味觉与嗅觉是我们不容易观察的，只有在极其特殊的场合能够有同感。而视觉、听觉、触觉都是容易观察的，所以很容易有动感。每个人在感觉能力上都会有侧重点，其中总有一种感觉比较出色。

一般来说，视觉出色的喜欢看，听觉出色的喜欢听，触觉出色喜欢动。这样区分之后，你就可以通过观察判断，采取相应的配合措施，从而达到与他人有相同的感受。有了同感就可以更加顺畅地沟通了。

2. 沟通是建立一种关系

亚里士多德说："人类是天生的社会性动物。"一个人的力量是有限的，个人的力量很难突破时空、环境的障碍。因此，人加入了群体。由群体发挥了团队力量，而客观的环境障碍再也不成为问题。

一只蚂蚁谈不上有啥力量，但上万只蚂蚁组成的蚁群却可以摧毁千里之堤。当雁鼓动双翼时，对尾随的同伴都具有"鼓舞"的作用，雁群一字排开成"V"形时，比孤雁单飞增加了71%的飞行距离。

与拥有相同目标的人同行，能更快速，更容易地到达目的地，因为彼此之间能互相推动。无论何时，当一只雁脱离队伍时，它马上会感受到一股动力阻止它离开，借着前一只伙伴的"支撑力"它很快便能回到队伍中。

如果我们与雁一样聪明的话，我们就会留在与自己目标一致的队伍里，而且乐意接受别人的协助，也愿意协助他人。

这就是人际沟通的意义。沟通就是为了建立这样一种人际关系。

撑竿跳高选手、两次奥林匹克金牌获得者鲍勃·理查兹曾告诉人们，他将打破达彻·瓦默达姆的纪录，但不管他怎样尝试，他的成绩总是比达彻·瓦默达姆的纪录矮一英尺。最终，他大胆地拨通了达彻·瓦默达姆家的电话，希望达彻·瓦默达姆能帮助他。达彻邀请理查兹到他家来，并许诺将自己所有的技巧传授给他，达彻也确实这样做了。他花了三天时间指导理查兹，纠正他的错误动作，结果理查兹的成绩提高了八英寸。

当格特鲁德·博伊尔看到自己的服装公司面临困境的时候，她去找了耐克的一位执行主任，而那人很愿意给格特鲁德提出建议。当克雷格·基尔博格向他的同学、协会成员和政府领导寻求支持时，他们都义不容辞地伸出了援助之手。

因此，每一个伟大的成功者背后都有另外的成功者。没有人是凭自己一个人达到事业的顶峰的，一旦你许诺要成为出类拔萃的人，你就可以开始吸收大量对你有帮助的人和资源了。而其他各方面有所建树的人都是你所有资源中最大的资源。你要做的就是找到他们，构建有利于你的事业的“关系网”。

现实生活中一个人难以离开同事、朋友、亲人的照护、关爱、帮助。与周围的人友好、融洽、互利、互助的往来越广泛，得到的温暖和幸福就越多。善于与人交往与求人者具有稳定的安全感，他们身上好像系着安全带，平时无明显感觉，一旦出现剧烈动荡，安全带便会发挥作用，使人获救，重新获得安宁平静，而这种平衡又将传递新的讯息，迸发新的力量。

阿诺德·施瓦辛格在健美杂志上发现了自己的榜样——里格·帕克。在健美界，里格是当时最强壮的人，阿诺德梦想着自己也能拥有像里格那样发达的肌肉。阿诺德尽可能地学习了里格的所有东西，包括他的训练手段、饮食和生活方式。阿诺德知道里格的事情越多，模仿的也就越多，也就越认识到自己也能像里格那样成为健美明星。于是，他开始与里格·帕克联系，通过联系，使他增进了对里格的了解，也让里格了解了自己，最终在里格的帮助下，取得了成功。

3. 掌握正确的沟通原则

美国的成功学有“友谊网”之说。它以为，喜欢别人，又能让别人喜欢的人，才是世界上最成功的人。成功的人们大多喜欢广泛交际，并形成了自己的“友谊网”。比如，你要某人推荐几个供你拜访的朋友，如果这个人是个失败的人，他只能为你提供一两个人，而且好不容易才找到这一两个人的地址和电话。成功的人就不同了，他们会推荐出一大堆朋友，而且是在长长的名单上寻找，因为名单上包括各种各样的朋友。由此显示出成功者与失败者在交友方面的差别。

成功的人大多是有关系网的人。这种网络由各种不同的朋友组成，有过去的知己，有近交的新朋，有男的，有女的，有前辈，有同辈，有晚辈，有地位高的，有地位低的，有不同行业的，有不同特长的，也有不同地方的……这样的关系网，才是一个比较全面的网络，也就是说，在你的关系网中，应当有各式各样的朋友，他们能够从不同的角度为你提供不同的帮助。当然，你也要根据他们不同的需要为他们提供不同的帮助。这才是关系网应当具有的特征。

人们常说的优势互补，应该适用于关系网的构造。本来，你有这方面的优势，同时就可能有那方面的劣势。打个简单的比方，你会著书立说，但你未必会在衣食住行的各个方面都样样精通。那么，你不精通的领域，或者你根本不懂得的领域，就需要在那些方面精通的人的帮助。如果朋友的结构太单一，就难以做到这一点。所谓优势互补，说的就是这个道理：你用你的优势，去弥补他人的劣势；以此换取他人以自己的优势来弥补你的劣势。这就要求交朋友不能太单一，不能完全局限于自己的同行、具有共同爱好和兴趣的人之间。所以，正是因为你在某一方面有特长、有爱好、有优势，才要有意地结识和你的特长、爱好、优势有差别的人。这才符合关系网络的结构和原则。

俗话说："一张篱笆三根桩，一个好汉三个帮。"一个人在社会生活中总离不开别人的帮助与支持，同时，自己也免不了被人求。实际生活中，我们随时随地都在进行着各式各样的相互帮助、相互支持。因此，不论你是落魄失业、陷入困境，还是春风得意、飞黄腾达，你都应当广交朋友、多做好事，与人们和谐相处。能够和许许多多、各式各样的人建立关系，能够发展友情的人，也就是世界上最成功的人。

在现实生活中，人们大都渴望获得他人的好感。这是人的一种基本需求。获得别人的认同、赞许，从而获得内心的平衡，产生成功的满足感也是现代人心理渴望的具体表现。究竟怎样入手，才能走好人际交往这步人生中的大棋，达到与人沟通的目的呢?

无数成功的人士告诫我们，要赢得别人的好感，以下要点不能不铭记于心：

（1）塑造良好形象。要想让别人对你产生好感，首先在主体身上要有好的"影响源"，即形象设计与内在素质。别人的好感只能从自己本身的良好形象和文明的言行中产生。只有做到谦虚不自卑，自信而不固执，要强而不狂妄，才能给别人留下好的印象。

（2）注意积累知识。世界上没有哪一个人喜欢知识贫乏的人，只有学识丰富，思想敏锐，兴趣广泛，才能提高自我价值，吸引众人。

（3）心地诚实，待人诚恳。心地诚实，待人诚恳，做人正派，这是被人了解和受人欢迎的开端。如果不说真话，弄虚作假，别人就不会信赖你，感觉你不可靠，时间长了就会疏远你，厌恶你。

（4）乐于帮助他人。个人的力量总是很单薄的，当面对生活中的种种问题时，每一个人都需要别人的帮助。因此，一位哲人说过，人生的旅程是在别人的支持下走完的。当一个人对生活中的某一问题无力解决时，我们如果能够伸出一只热情的手，那么无疑会给对方以极大的力量与信心。特别是当一个人遇到挫折，处于逆境之中时，如果我们能够热情地帮助别人，别人定会对我们产生强烈的好感。同时，当帮助别人之后，人人都会产生一种觉得自己很高大的感觉，而当别人又对我们报以微笑时，我们会觉得这个世界是那么的美好。这对人的自信心的确立是非常有益的。

然而，很多人都忽略了帮助别人这一最简单的增进吸引力的方法。他们在抱怨人们缺少友情的同时，自己却不愿意对别人付出一点点的友情，即便是举手之劳也不肯帮助别人，正是这种心理将他们自己拒于友情的大门之外。正如戴尔·卡耐基所言“你要别人怎么待你，就得先怎样待别人”。

（5）兴趣力求广泛。爱好和兴趣是相识他人、广交朋友的一个很好的“媒介”。假如你喜诗爱画、能歌善舞、集邮、摄影、体育样样都懂一些，你就同别人有了共同的情趣、共同的语言、共同的心声，无形中也在你和他人之间逐渐架起了一座友谊的“桥梁”，别人也将会对你逐渐产生好感。

（6）善于语言表达。不管是在聚会上，还是在朋友相聚的场所，如果你有个人的见解，就要大胆地表明，这样将增加你做人的力量。若是一言不发、一味害羞、不敢启齿，不仅会给人软弱无能的印象，而且会在众人面前降低你的位置。

（7）尊重别人的自尊心。俗话说：“人有脸，树有皮。”每一个人都有自尊心，都希望别人的言行不伤及自己的自尊心。任何人在人际交往过程中都有明显的对自我价值观的维护倾向。例如，当我们取得成绩时，我们会解释为这是自己的能力优于别人的缘故；当别人取得了成绩而我们没有取得成绩时，我们又会解释为别人仅仅是机遇好而已。这样解释就不至于降低自我的价值，伤及自尊心。

我们在同别人交往时，必须对别人的自我价值观起积极的支持作用，维护别人的自尊心。如果我们在人际交往中威胁了别人的自我价值观，那么会激起对方强烈的自我价值保护动机，引起人们对我们的强烈拒绝和排斥情绪。此时，我们是无法同别人建立良好的人际关系的，已经建立起来的人际关系也可能遭到破坏。

在你同别人交往时，无论是熟人还是陌生人，都要尊重对方的感情，接待热情大方，讲究礼仪，让自己在短短的时间内，就能给对方留下一个良好的印象。

（8）背后勿论人非。一个正直的人有话说在当面，不在背后乱议论别人。如果你时常在背后说别人的坏话，一旦被对方知道了，免不了要对你抱怨一番，甚至会同你发生争吵，即便是以前对你印象很好的人，也会在他心中出现阴影，以前的好感顿消。因此，我们要时刻提醒自己，莫让嘴巴破坏自己的好名声。

（9）处事宽容大度。当别人取得成绩，受到赞扬时，不要嫉妒不满，要在别人的进步中寻找自己的不足，从别人的成绩中看到自己的努力方向；当别人偶尔失礼时，不要以牙还牙，产生报复心理，要以礼相待，原谅别人，给他以认识自己缺点的时间，主动同你言归于好；当自己偶有做事不当，出现失误时，理应坦然承认，不能忌讳自己的过错，掩饰自己的缺点。总之，在处事过程中，要坚持理解、体谅、忠实、豁达，这样就能在他人的心目中产生更好的印象了。

做到以上的几条，你就算掌握了和人沟通的方法，掌握了主动权。

第二节　人际关系是你的财富

任何事情都是因为援助了他人而使自己获益。好心对待你不喜欢的人，不仅需要本性善良，而且需要非常灵敏。

（卡耐基语录）

只有在集体中，个人才能获得全面发展才能的手段，也就是说，只有在集体中才可能有个人自由。（卡耐基语录）

朋友多了路好走，珍惜关系、培养关系，使朋友圈子越来越大，越来越牢固，是我们每个人与人沟通的一个重要步骤。当然，这些关系要建立在诚信与真诚的友谊基础之上。

（卡耐基语录）

在全球化中学会共处将成为21世纪的重要特征，是人与人之间、民族与民族之间、国家与国家之间依存程度越来越高的时代提出的一个非常重要的教育命题。它的原意是学会共同生活，学会与他人共同工作。学会共处，有着同样深刻的内涵。

学会共处，就要学会平等对话，互相交流。平等对话是互相尊重的体现，相互交流是彼此了解的前提，而这正是人际、国际和谐相处的基础。

显然，随着社会文明步伐的加快，随着社会开放与变革进程的加速，“快节奏”成了社会的显著特征，这就形成了这样一个怪异的两极化现象：一方面是人际交往合作空间越来越大，人与人之间的交往越来越频繁；另一方面是人际关系平均持续期大大缩短了，比如由于生活条件的改善，邻居关系也因住房搬迁而改变；因为职业流动，同事关系也因变换岗位而改变，如此等等。

这种变动的速度越快，上述关系的持续期往往就越加缩短，临时性就越来越明显地成为人和人之间关系的一大特点。

这种特点更要求加强人际关系中不可缺少的沟通能力，因为生活环境让我们有了更多与人打交道的机会。下面就是我们经常要面对的沟通情境。

（1）在一个组织之中。应聘、开会、打电话、在走廊上与同事聊天、和同事合作、和同事吃饭、检讨工作计划、和老板谈加薪等。

（2）面对客户或观察。销售产品、电子行销、顾客服务中心、服务台、电视发表会、电话访谈、接受媒体采访、打电话、推广产品、与人交涉等。

（3）在个人生活中。家庭聚会、同学聚会、学校家长会、舞会、打电话、亲子交谈、婚事磋商等。

这些沟通，给你的人际交往增添了许多内容。你切不可忽视这些机会，并且，你还得保持一种亲密的关系。我们一般会有这么几种关系：

1. 亲戚关系——常来常往

俗话说，是亲三分近。亲戚之间大都是血缘或亲缘关系，这种特定的关系决定了彼此之间关系的亲密性。这种亲属关系是提供精神、物质帮助的源头，是一种长期持续、永久性的关系，是一种客观存在。因此，人们都具有与亲属保持联系的义务。在平常保持好亲戚关系密切，在困难时期，求助亲戚才最为有利。

亲戚“不走不亲”“常走常亲”，这是中国人一贯的观点，只有经常的礼尚往来，才能沟通联系，深化感情，密切亲戚关系。

有人说：“我不缺吃不少穿，亲戚间何必要常联系找麻烦呢？”此话不对，纯洁挚密的亲戚关系是一种人情味较浓的人际关系，不能蒙上庸俗的面纱。只有建立在亲近、挚密、常联系的基础上，才能建立真诚的关系，假如彼此间少了经常性的走动，那就可能会出现“远亲不如近邻”的局面了。

“常来常往”，首先表现在一个“往”字。这个意思就是说自身要发挥主观能动性，经常到亲戚家走走、看看，聊聊家常，联络联络感情，这样是非常有益的。

彼特是一家公司的老板，经过几年的辛苦经营，现在虽说没有千万，但至少也有百万家产了。到底是啥原因使他在短短几年内拥有数目可观的资产的呢？

在一家报纸记者采访他时，他说了这样一段话：“……自身的努力与勤奋固然是我成功很关键的因素，但还有一点也是非常重要的——我的亲戚很多，在我未发迹时，经常拜访他们，以至彼此间关系都特别好。后来，在公司小有规模后，我仍不忘经常性地与他们保持联系，正是因为这种密切来往，我的亲戚都对我相当不错。刚创业的时候，资金有一半是由他们筹措的；办公司遇到困难时，也有他们的帮助与鼓励；就是他们中的一些人，现在也在我的公司里帮我的忙，是我得力的助手……总之，在各种人际关系中，我最注重的就是亲戚关系，也正因为我的经常性走动，我才有今天的成就……”

在彼特的谈话中，我们能够很直接地看出，常“往”在亲戚关系中的重要性，但有一点，就是千万不可有贫富贵贱之分，也不要由于自己的地位较高而不常“往”亲戚家。这样下去，亲戚就会对你冷眼相待，那再想搞好亲戚关系，就难上加难了。

亲戚与亲戚来往，除了一个“往”字，还要一个“来”字。它的意思是除了经常到亲戚家走动外，自身也要经常邀请亲戚们到家里做客，利用自己的空间与亲戚联络感情，做一回主人，热情款待他们，让他们有一种自己家的感觉，那时间一久，亲戚之间的关系就会处得异常融洽。也许，就是如此平常的“常来常往”，才会在以后的关键时刻，得到亲戚的一臂之力。所以，不要以为“常来常往”是没用的，不必要的，无论从哪个角度来说，于情、于理都要掌握运用这个技巧。

2. 同学关系——常聚常新

俗话说：一辈同学三辈亲，三辈同学辈辈亲。还说：十年寒窗半生缘。可见，同窗之情，假如处得好，在某种程度上要胜过手足之情、朋友之情。能为同窗，在这个世界中，也算是一种缘分。这种缘分因为它纯洁、朴实，有可能日后发展为长久、牢固的友谊。

现代社会里，人际交往更注重同学关系，同学之间互相帮忙、互相提拔的事情经常能够见到。

有时同学关系的确能在关键的时刻帮上自己大忙。但是值得注意的是，平时一定要注重和同学培养、联络感情，只有平时经常联络，同学之情才不至于疏远，同学才会心甘情愿地帮助你。如果你与同学分开之后，从来没有联络过，你去托他办事时，一些比较重要的、关乎他的利益的事情，他就不会帮你。

与同学保持联系的方式有很多。有空给远在异地的同学打打电话、通通信，询问一下对方近来的工作、学习情况，介绍一下自己的情况，互相交流一下，这是非常有必要的，这点时间绝对不能节省。碰上同学们的人生大事，如果有空最好亲自参加，要是实在脱不开身，最好也得写信或托人带点儿什么，不然，怎么算得上同窗情谊。

对方有困难的时候，更应该加强联系，许多人总喜欢向同学汇报自己的喜事，而对一些困难却不好意思开口，应去掉这些顾虑。

而当听到同学家有人生病或遇上不幸的事时，应该马上想办法去看看。平日尽管因工作忙、学习重没有很多时间来往，但朋友有困难时也应鼎力相助或打声招呼，才显出你们之间的情谊深厚。“患难朋友才是真朋友”，关键时刻拉人一把，别人会铭记在心。

现代社会里，人们都已充分地认识到了同学之间交往的重要性，为了大家经常保持联络，加强合作，城市里的“同学会”已成为一种时髦。一年一小会，五年一中会，十年一大会，关系越聚越坚，越聚越紧，彼此互相照应，“一方有难，八方支援”，这真是中国所特有的人际关系，这说明同学关系已越入了一个更高的层次，不受时间所限、不受空间所限，只要有“聚”，那份关系、那份情，将取之不尽，用之不竭。

3. 老乡关系——爱屋及乌

每个人对故乡都有一种特殊的感情，那是很执着的，如美酒般醇香，又如泥土般厚实。爱屋及乌，爱故乡，自然也爱那里的人，于是，同乡之间，也就有着一种特殊的情感关系。如果都是背井离乡、外出谋生者，则同乡之间，也必然会互相照应的。

当今社会人口的流动性很大，很多人离开家乡到异地去求职谋生。身在陌生的环境里，拓展人际关系有一定的难度，那就不妨从同乡关系入手。

在外地的某一区域，能与众多老乡取得联系的最佳方式当然是“同乡会”。在同乡会中站稳了脚跟，跟其他老乡关系处得不错，那就等于交结了一个关系网络。可能有一天，你就会发现这个关系网络的作用是多么巨大，不容你有半点儿忽视。

查尔威是个早年离开家乡出外闯荡的游子，目前在异乡成家立业，家庭生活美满，但美中不足的是，查尔威一直为没回家乡而感到遗憾，哪怕在这里能碰上几个老乡也好，思乡之情可见一斑。

恰在这时，同在这个城市的另几位老乡，他们深感有必要成立一个老乡会，定期聚会，加深感情，有什么事大家以后可以多加照应。

查尔威一接到邀请，便毫不犹豫地加入其中积极筹划，联络老乡，把这个同乡会当成了自己的“家”，成为“家”中领导之一。

经过两年的时间，同乡会终于发展到了具有近500人的规模，查尔威也等于多认识了近500人，这些老乡，各行各业，贫穷富贵，兼容并包，用查尔威自己的话来讲：“我现在办什么事都非常方便，只需一个电话，或打声招呼，我的老乡都会为我帮忙，而我也随时帮老乡的忙……”

正是由于查尔威充分认识到了同乡会的重要性，他才会积极主动地去结交各式各样的老乡，才会有了这么大的一个关系网，这于己、于他人又何止是些许的方便呢?

4. 邻里关系——好事同庆

俗话说得好：远亲不如近邻，近邻不如对门。意思是说，居家过日子，如果遇到事情，邻里的帮助及时、便捷要胜过亲戚的帮助，因为亲戚离得远，远水难解近渴，远不如邻居来得迅速。这话道出了邻里关系友好相处的重要性。

邻里关系若处得好，有时要胜过亲戚关系。它是我们在社会上成功办事可利用的重要关系，实际上，有许多人都是得益过邻居帮助的。

其实，我们在日常生活中，就常常托付邻居帮忙办事，比如出远门了，告诉邻居帮着照看一下家；家人生病了，托邻居帮忙送到医院；有力气活儿，自己一个人干不动，托邻居给帮忙，等等。很多处得好的邻里关系都成了真诚的朋友关系。

邻里关系的重要性就在于它有时能解危难之急。所以，要求得到邻里的帮助，我们就应该在适当的时候先去帮助邻居。例如询问身体状况，事业发展，家人情况等，或是记住对方曾经说过的话，然后向对方表示“您曾说过……”这样，邻居会感受到这种关心。

“好事同庆”，是维系和促进邻里关系友好的最佳时机。邻居办喜事，道一声祝贺，送一份礼；邻居的儿子考上大学，也不失时机地说两句祝福都是十分必要的。

而当自己的家中有喜事时，同样也可以请邻居小聚，让这其乐融融的气氛融洽彼此的关系。好事同庆就如催化剂，巧妙地起着作用，加快邻里关系的发展。

5. 上下级关系——相得益彰

与领导的上下级关系，是我们为人处世关系网中一个重要的网结。在单位中，办理工作上的事，办理与工作有关的晋升、涨工资、评职称等涉及人生前途的事，都离不开上级领导。而且由于领导交际面广、关系多，很多我们难以办到的生活私事也要让领导帮忙。所以，保持好与领导的上下级关系，对我们事业的发展、理想的实现、人生的幸福都有着比其他关系更直接更重要的作用。欲处理好与领导的上下级关系，必须要抓住一个根本，那就是尽自己最大的能力做好领导交给我们的一切工作。

作为领导，所欣赏的、得意的是能为他创造业绩、能为他带来荣誉的下属，只要你为领导干出成绩，向领导要求你应当得的利益他就会满心欢喜答应的。如果你无所作为，无论在利益面前表现得多么“老实”，领导也不会欣赏你器重你的。

当然，与领导关系密切还有很多因素是来自私交方面的。也许领导是你的亲戚、朋友、老乡、世交，可能你真正“会来事”，对领导“情”到、“礼”到。尽管如此，一个真正的领导也绝不会十分明显地拿工作上的利益来偏袒你的，但若你业绩上非常突出，这种情况下，领导则会优先考虑你。不过，以深厚的私交托领导为自己到社会上办点儿个人不违法的私事，多数情况下，领导是会尽心尽力的。诸如孩子转学，爱人调动，各类纠纷等，领导出面的确比我们自己更管用。

因此，上下级关系这条线，一定要用红颜色的丝绳表现出来，关键时刻领导出马对我们的帮助都是很大的。

上列五种关系，都是我们在生活中经常处于沟通状态的。当然，可供我们沟通的关系还有很多，如师生关系、同事关系、朋友关系、世交关系等。这些关系网形成了，你一旦有事，就可登门求助，相信对我们将有很大帮助。

朋友多了路好走，珍惜关系、培养关系，使朋友圈子越来越大，越来越牢固，是我们人与人沟通的一个重要步骤。当然，这些关系要建立在诚信和真诚的友谊基础之上。

第三节　沟通的目的

一个人真正的权势及钱财的产业，是在他本身之内；不是在于他的居住、地址，或外在关系，而是在他自己的品格当中。

（卡耐基语录）

在我们生命的网上，不能隐匿着虚伪，否则便会在每根纵横的线上，都永远留着腐烂的痕迹。（卡耐基语录）

每个人都应当把拥有好的品格作为人生的最高目标之一。好的方法是使你获得努力的动力的保证。而刚毅的思想观念，作为一种向上的因素，使你的动机保持稳定并受到刺激。

（卡耐基语录）

现代社会的发展，让人际交往越来越重要。每个人不管在社会生活中处于什么位置，都离不开与他人的沟通。如果说沟通本身存在目的性的话，那么，人和人之间的良性沟通至少可促使人们达到这么几个目的。

1. 追求高尚的品德，做一个正直的人

一个推销员每天按照经理的吩咐对顾客介绍产品的好处，他自己厌倦了这种工作方式。一天，当有顾客光临的时候，他在介绍产品的优点的同时也开始介绍产品的缺点，顾客听完后没说啥就走了。经理非常生气，决定解雇他。

正当推销员带着行李要走出门口的时候，原来的那位顾客又

回来了，他身后还带了一些人，这些人都准备买他的东西——这些人是冲着推销员来的，就因为推销员是个诚实的人。

为此，有人悟出：一个人能在所有时间里欺骗一个人，也能在同一时间里欺骗所有的人，但他不能在所有的时间里欺骗所有的人。小胜靠谋，大胜靠德。

品格，是人生的桂冠与荣耀。它是一个人最高贵的财产，它构成了人的地位和身份本身，它是一个人在信誉方面的全部财产。它比财富更具威力，它使所有的荣誉都毫无偏见地得到了保障。它伴随着时时可以奏效的影响，因为它是一个人被证实了的信誉、正直和言行一致的结果，而一个人的品格比其他任何东西都更显著地影响着别人对他的信任与尊敬。要想成为一个真正的成功者，必须摆脱“投机”的心理，注重自己的品格。

富兰克林也将他作为一个社会名流的崇高声望，归因于个人性格的正直、诚实，而不是自己的才能或口才，因为自己在这些方面都只是一般。因此，他说：“正直、诚实使我在人们中享有声望。我口才很差，根本谈不上雄辩。遣词造句还犹豫不决，很难正确地使用语言。不过我还是能清楚地表达自己的意思。”

人格就是力量，在一种更高的意义上说，这句话比知识就是力量更为准确。没有灵魂的精神，没有行为的才智，没有善行的聪明，虽说也会产生影响，但是它们都只会产生坏的影响。我们或许会从中受到教育或者会觉得他们有趣。但是，我们不会去崇拜他们，这就像要我们去崇拜一位扒手的敏捷或一位在高速公路上跑马的骑士一样，是非常困难的。

诚实、正直和仁慈，这些品质并不是与每个人的生命息息相关，但它却成为一个人品格的最重要方面。正如一位古人所说的："即便缺衣少食，品格也先天地忠实于自己的德行。"具有这种品质的人，一旦和坚定的目标融为一体，那么他的力量就可惊天动地，势不可当。

每个人都应该把拥有好的品格作为人生的最高目标之一。刚毅的思想观念，作为一种向上的因素，使他的动机保持稳定并受到刺激。人生最好是有一个较高的目标，但是并不是我们每个人都能认识到。

正直就是无论你在任何时候、任何情况下，都忠于自己、言行一致、坚守自己的信仰及价值观。如果你不正直，最终将失去一切，因为别人无法相信你，不愿和你一起工作或跟你进行交易。如果有足够的人不愿意和你共事，那么你的事业将会失败，任何一种事业的结果都将一样。

一位推销员讲道：

大学时，我在一家销售牛乳代替品的乳品饮料公司工作，我是一名经销商，业绩达到全公司最高点，并拥有两个销售站，但是由于公司部分领导人员缺乏正直及踏实的精神，导致整个公司瓦解。即便如此，这个经验仍然使我学习到许多宝贵的东西，如贩卖商品的技巧以及如何与他人共事，而更重要的是，我了解到如果一个人既无能力又缺乏正直，他便非常容易失去他已经达成的事情。任何一位进入销售业的人都知道，基本上金钱是一切的出发点。人们进入公司工作是为了赚钱，这并没有什么不好，相反地，对那些不这么盘算的人反而使我感到不安，因为在我们的文化里，没有任何一件事情不需要花钱。当然，家人、友情及人际关系则是建立在一些比金钱更重要的事情上。但是在商言商，只要我们进入商业圈，不论是职员、顾问、老板、合伙人或消费者就都和金钱脱离不了关系。

一旦你从商，能力与正直的要求会变得更加重要，因为人们不希望购买劣质产品，或受到无礼的对待，当然，他们更不想和那些无知、没有技能以及不诚实的人来往，我不愿意，你不愿意，没有人会愿意这么做。

专注于你是谁而不是其他，因为你是谁正是你的价值所在。你到底是什么样的人？你重视什么？你怎样生活？你和其他人有什么关系？你有什么特质？这些才是唯一重要的事情。因为，你是什么样的人将决定你做什么样的事。

一个正直的人会在适当的时机做该做的事，即便没有人看到或知道。亚伯拉罕·林肯说得好："正直并不是为了做该做的事而有的态度，正直是使人快速成功的有效方法。"

正直、诚实、一贯性、坚持、负责——这些都是让一个人成功的特质。这些也是我们人生中最值得追求的目标。

你觉得自己是这样一个人吗？"做一个正直的人"应该是每个人首先要实现的目标。只有达到这个目标，你才具有和人沟通的资格，别人才会愿意与你沟通。

2. 追求本然人品，真诚为人处世

做人首先要真诚。称之为本然人品、率真人品。真诚做人，保持本然人品，是做人的起点，也是人品的极致。一个人的思想、品格、言行，都要发自内心、自然而然地表现出来，不能为了某种功利的目的矫揉造作，掩饰自己的真实面目，扭曲自己的本性。真诚的反面是虚伪，自欺欺人，靠戴假面具过日子。真诚坦率的人不失本色，自然有感人的力量。虚伪矫饰的人一生都在演戏，不仅给人留下伪佞可憎的形象，自己也因

失掉心灵的本性而忍受心理上的折磨。

正直也是做人的本分。正直人品表现为襟怀坦荡、秉公持正、坚持原则、刚正不阿。正直的反面则是伪善狡诈。正直的人，对人对事公道正派，言行一致，表里一致。虚伪狡诈的人伪善圆滑，曲意逢迎，背信弃义，拿原则做交易。正直与真诚是互相紧密联系的，只有真诚才能正直，反之亦然。观察一个人，可以把这两个方面联系起来，看他是真诚直爽，还是虚伪圆滑；是光明正大，还是阴险诡诈。这是区别人品的重要标准。

3. 纠正错误做法，对生活抱持正确的态度

生活中有许多人走上了事业的巅峰，但是更多的人尽管精明睿智却未能获得成功。为什么有的人数钱数不过来而有些人却在对着那些该死的账单诅咒？当然，运气是一个原因。但是，通常人们由于对生活的不正确态度和做出一些搬起石头砸自己脚的行为使自己陷入困境，从而给自己带来厄运。本杰明·斯坦把不成功人士失败的原因归结为以下八大错误。

（1）在生活中欺骗自己和别人。不成功人士常常在生活中欺骗自己。我曾想，那些经常表现不诚实的人是不会获得成功的。遗憾的是，我听说过相反的例子。一个人对其他人表现出完全的不诚实时，他至少在钱财方面是有可能获得成功的。但是，对人们而言，他们想要就他们一生中所处的地位、达到目的的前景以及他们的不足之处等问题欺骗自己并且一直欺骗下去是绝对不可能的。

我的一个邻居每日只用部分时间去教授艺术，这作为一种嗜好当然并不坏，但是这份工作不会给她带来足够的钱，使她过上她所渴望的中产阶级生活。虽然她老是抱怨她如何的穷困潦倒，但她似乎无法理解，为何非全日性的授课得不到能维持普通家庭生活的最低工资。

（2）不去创造。我一再地告知那些未学到有用技能的人，世界上有人肯出大价钱换取这些技能，但他们不清楚这样一个基本的事实：人们之所以能够获得报酬，是因为他们能够做些什么。而且他们不明白一种必然的结果，人们由于能够干某些使价值大量增值的事而获得很高的报酬。这意味着，医学、法学、创作流行歌曲、金融或别的什么职业将有助于人们改善自己的境况，或者赚到大钱，或者让自己感到愉快，或者从中学到一些东西等。如果你的目标是在钱财上获得成功，你就必须实实在在地去生产或创造别人想要的东西，而不应将其仅仅停留在你的梦想之中。

我的爸爸是一个经济学家，他告诉我说，生活中所有的报酬，不论对金融资本来说还是对人力资本来说都会自然增长。金融资本往往作为遗产被继承，你没法控制它们。但人力资本，比如一种有市场销路的技术，可以通过训练和自身的努力去获得它。

（3）伤害朋友。不成功人士往往有一种习性，他们会对那些对他们并无多大益处的人（如政客、歌星、名人等）表示友好与感激之情，而对那些善待他们的人却表示出蔑视和不领情的态度。我惊奇地发现，这种人在生活中经常出现。

我的一位亲密的朋友曾一次又一次地获得进好莱坞工作的机会。这主要得力于他的两个在不同电影制片厂工作的相当有实力的朋友的帮助。他们在很久以前就把他推上了成功的轨道。但是，在将近20年的时间里，他一直看不起这两个朋友们的公司，怠慢他们的友谊而同时去追随那些只不过把他当作门口的擦鞋垫子看待的有权有势的名演员们。毫不奇怪，他直到47岁仍旧是一个没有生活方向、负债累累的人。失败者往往认为，他们的朋友为他们付出的一切都是理所当然的。

（4）不注重生活中的礼节。不成功人士在日常生活中还常表现出粗俗无礼。他们不会适时地对那些赐予他们礼物和给予他们帮助的人表达感激之意，也不会对自己的轻慢态度与做错事情向人道歉。

我喜欢用我请的家宴客人会迟到多久为标准来推测他是否是个成功的人。一个拥有好工作、非常忙而又责任感很强的客人会准时赴宴。一些整日无所事事的人会很晚才到，甚至干脆不露面。一个干低层次工作且无处可去的人将会如何呢？大概会迟到15分钟至1小时。

我在好莱坞最早结识的朋友之一曾有过一段做制片人的很有前途的经历。但随着时间的推移，他的生涯开始摇摆不定。他因为缺乏礼貌和风度而从他事业的顶峰一下子跌落下来。此君从未因我对他的款待、替他弄到各种演出的通行证以及给他介绍工作而感谢过我。最终，我也用任何其他认识他的人在很久以前就采取了的那种办法去对付他：干脆不再为他做任何事情。如果一位演员因为他的粗鲁无礼而使人们对他疏远的话，他就不可能再继续演戏了。

（5）不合时宜的穿着打扮。我所认识的一位漂亮女郎希望找到一份工作。我替她安排了一次面试，与一家对本公司的家庭形象感到自豪的公司头头儿共进晚餐。令人难以置信的是，她穿着短裤、T恤和高跟凉鞋出现在了经理们的餐厅里。从她一露面的那个瞬间起，她就已经将这场面试给弄砸了，而且这也使我看上去像个傻瓜。

不成功人士惯常用不适宜的打扮。他们赶去参加求职面试时经常不系领带或穿着一双运动鞋。当其他人都西装革履地出席宴会时，他们却穿着牛仔服赴宴。他们也许认为，他们是在显示一种风尚。而实际上他们却在形象化地告诉人们，他们不属于他们此刻所待的地方，而且还反映出他们对在场者的一种轻慢态度。

（6）令人厌烦的生活态度。不成功人士往往面带一种愠怒厌世的表情。他们不喜欢他们的工作和他们生活的世界，怀疑他们周围的人都是不诚实和愚笨的。他们把一切都看得那么黑暗并用他们自己对生活的绝望态度和无所寄托的颓丧情绪影响着他们周边的人。

一位在北加利福尼亚的朋友能胜任并完成每天的工作。但是她无论走到哪里，都不是抱怨空调太冷就是抱怨太热。她贬损老板，埋怨工作。她对同事们说，工作是浪费时间。在两年内她已经失去过五次工作而仍没有从任何她曾为其工作过的人那儿获得有益的经验。

（7）不必要的争论。不成功人士喜欢仅仅为了争论而争论——挑起争端，或者使其他人失去心理平衡。那些挑起争端的人也许会想，此刻朋友们和同事们会对他们的机敏和智慧留下深刻的印象。

美国众议院著名发言人萨姆·雷伯说道：“假如你想与人融洽相处，那就多多附和别人吧。”他的意思不是说你必须同意别人所说的一切，而是说你不可能一方面无休止地激恼别人，而另一方面又指望别人来帮助你。结束了一天工作后的人们不喜欢把时间花费在无休止的争论上。假如此刻你挑起争端，他们会回避你，而你将会发现，你已被其他好争辩的失败者们所包围了。

（8）本末倒置。不成功人士不能确定什么是应当优先考虑的事。

在华盛顿有一个我小时候的同学，他英俊潇洒，他的父亲是个大人物，而他却很可怜，一直在一幢公寓房子里当管理员。然而，当我建议他利用业余时间去学习，以便通过民用服务考试时，他坚持说他没有空。各种嗜好占用了他几乎所有的业余时间，从1946年起，他就一直这么对我说！

事实是，人们从来都不可能有足够的时间去做每一件事情，哪怕是真正重要的事情。放弃不太重要的事情而去做更重要的事情并不是一种牺牲。了解了不成功人士失败的原因，我们就要避免犯这些错误，对生活抱持正确的态度，给自己开拓美好的未来。

第四节　行为言语的沟通

除了诚实，世界上别无可靠的东西。诚实是生命中极重要的事，除非你清楚如何去杜撰诚实，否则你绝对做不到诚实。

（卡耐基语录）

人是合群的高级动物，不可能孤立地存在。我们随时都在和人沟通，随时面对他人，而我们沟通的方式只有两种，要想

沟通，就必须掌握要领。（卡耐基语录）

服装可以说是一种自我的表现，例如，石原慎郎出马参政时，他穿着白色西服，戴着白手套，给人一种整洁、清新、年轻而具有权威的印象。又如前美国总统罗斯福有一段时期很喜欢穿斜纹布牛仔装，甚至出席白宫部长级会议时，也都以牛仔装打扮出现。牛仔装可以说是一种超越性别、年龄、阶层、职业的服装。罗斯福的原意或许是想以牛仔装来表示美国总统和所有人都是朋友。这恐怕也受了身体语言的影响，不过在探心术中，也可视这种情况为表面上试图消除自己为特殊人物，但在实际上却具有某种政治意图，同时也显示了此人很自信。在其心底深处，蕴藏着强烈的信心。里根总统经常利用假日穿着舒适的服装到牧场上，借着大众传媒的报道，叫国民认为他的生活方式与一般人并无很大差别。希特勒和三岛由纪夫，为了表现出他们的威严，就常常穿着军装出现在众人面前。

人们的服装会给予人们深刻的印象，因为服装有一种自我核心表现的“延长自我”的功能。盛装就是为了吸引大众的目光，也可说是一个人的个性表达。假如你穿着与对方同样的服装，就会让对方觉得你和他的感觉与想法是相似的，对方也就会对你产生好感。

如果能够利用服装所产生的心理影响，那么穿着与对方同样的服装，就会叫对方觉得你和他是属于同一步调。同样，每当季节更换时，许多年轻人都穿着同样流行的服装在街上穿梭，到公司去面试的大学生们，他们的打扮也一样。也许在他们本身感觉不好，但是借着服装，就会强调一种与工薪阶层社会的适应性，这也可以说是一种诈骗的心理术。

文森特·威廉·梵·高是19世纪末欧洲最杰出的艺术家之一。他在生活中屡遭挫折，备尝艰辛，他曾在博里纳日做过一段时间的牧师。

博里纳日是个产煤的矿区。在这个地区，几乎所有的男人都下矿井。他们在不断发生事故的危险中干活儿，但工资却低得难以糊口。他们住的是破烂的棚屋，他们的妻子儿女几乎一年到头都在里面忍受着寒冷、热病和饥饿的煎熬。

这里的人都是“煤黑子”，肥皂在博里纳日人的心目中简直是一种不可企及的奢侈品。

文森特被临时任命为该地的福音传教士时，他找了峡谷最下头的一所挺大的房子，并和村民一起拿麻袋去装了很多煤渣，在房子里烧起了炉子，以免房子里太寒冷。

文森特登上讲坛，他的讲道是那样诚挚而又充满信心，竟使得这些博里纳日人脸上的忧郁神情渐渐消退了，从他此次布道所受的欢迎来看，博里纳日的人民对他的态度已经没有任何保留了，他们终于相信了他。他作为上帝的牧师，现在已经得到了这些满脸煤黑的人们的充分认可。

是什么原因引起这样的变化呢？不是因为他有了一座新教堂，因为这对于矿工们来讲压根儿不算什么。他们不知道关于对他的传教士职务的任命，因为他并没有告诉他们在原先那个地方他是没有正式任命的。而且虽然他讲道时热情洋溢，措辞优美，但在原来那间简陋的小棚屋里和那座弃置不用的马厩里，他也是这样讲的啊！

文森特百思不得其解，最后他回到自己的住处，准备用从布鲁塞尔带来的肥皂洗脸时，脑海中忽然闪过一个念头。他跑到镜子前面端详着自己，看见前额的皱纹里、眼皮上、面颊两边和圆圆的大下巴上，都沾着万千石山上的黑煤灰。

“当然！”他大声说，“这就是他们对我认可的原因所在，我终于成了他们的自己人了！”

他将手在水里涮了涮，脸连碰都没碰就去睡了。留在博里纳日的日子里，他每天都往脸上涂煤灰，从而使自己看上去和其他人没有两样。

这个故事告诉我们，要得到对方的认可和接纳，你必须使自己在某一方面与他们相似或相同。

1. 让赞许成为你人际沟通的润滑剂

每个人都渴望得到别人和社会的肯定与认可，我们在付出了必要劳动和热情之后，都期待着别人的赞许。那么，将自己需要的东西，首先慷慨地奉献给别人，体现的只能是我们的大方和成熟。

有人说：“对人表示赞许，是洒向心灵的阳光雨露。”赞许别人的实质，是对别人的尊重和评价，也是送给别人的最好礼物和报酬，是搞好人际关系的一笔暂时看不到利润的投资。它表达的是我们的一片善心和好意，传递的是你的信任和情感，化解的是你有意无意间与人形成的摩擦和隔阂。

世界上的人大都爱听好话，没有人打心眼儿里喜欢别人来指责他，就是相濡以沫的朋友，你批评几句，对方往往脸上也有挂不住的时候。

美国哈佛大学的专家斯金诺，通过一项实验的研究结果表明，连动物的大脑，在收到鼓励的刺激后，大脑皮质的兴奋中心都开始起劲儿调动子系统，从而影响行为的改变。同样的道理，人作为万物的灵长，期望与享受欣赏，是人类最基本的需求之一。日本的社会心理学家在细和孝就说过："人们对你赞誉、佩服或表示敬意时，除非显而易见的是溜须拍马，否则即使是应酬话，你也许还是觉着舒坦。可是，听到他人对你的批评，不中听的言语时，即便他没有恶意中伤，而且又部分符合实际，你也可能长期对他抱有反感。"

在细和孝的话恐怕不只是对日本人而言的，他在一定程度上，是渗透了人性在对待赞许和批评方面的底蕴而发的透彻议论。美国也有相同的经验之谈，不过言简意赅，没那么具体。"多栽花，少栽刺"，就是这方面既来得直接，又深富哲理的良策警语。

对生活中赞美的价值是不能低估的，赞美至少有下面三个方面的意义：

（1）赞扬的过程是一个沟通的过程。

一位学者在一所高等学府就职，为人深沉含蓄，严肃认真。其妻在实验室工作，经常与机器和数据打交道，也难免谨慎和刻板。然而不久前朋友们却发现其妻年轻了许多，不仅待人热情洋溢，而且穿戴打扮也焕然一新。遇到开心的事，笑声爽朗，很是动人。众人非常纳闷，她怎么像换了个人似的？询问了这位学者，才知道她近来调换了一个工作环境，那里年轻人多，气氛融洽，顶头上司又是一个充满活力，非常会说笑话的人，非常赞赏她工作的认真和负责。不失时机地给予她应该有的鼓励和赞美，她也感觉到自己好像突然生活在另外的世界里，阳光灿烂，空气清新，连精神面貌都充满了一股子朝气。

这个人的经历说明，赞扬不仅能改善人际关系，而且能改变一个人的精神面貌和情感世界。赞扬的过程，是一个沟通的过程。通过赞扬，你得到了对方的欣赏和尊重，自己享受了自尊、成功与愉快，你的精神面貌还能不像芝麻开花，充满盎然的生机吗?

（2）赞扬能鼓励人向上和自强。马斯洛的层次理论认为：自尊和自我实现是一个人较高层次的需求，它一般表现为荣誉感和成就感。而荣誉和成就的取得，还须得到社会的认可。而赞扬的作用，就是把他人需要的荣誉感与成就感，拱手相送到对方手里。当对方的行为得到你真心实意地赞许时，他看到的是，别人对自己努力的认同和肯定，从而使自己渴望别人赞许的动机在荣誉感和成就感接踵而来时得到满足，从而在心理上得到强化和鼓舞，养精蓄锐，更有力地发挥自身的主观能动性，朝着自己的目标冲击。

（3）赞扬别人，也能激励自己。现实生活中，一个善于发现别人长处，善于赞扬别人优点的人，绝不是单方面的给予和付出。不知你是否也有过这方面的体验，赞扬别人，往往也会激励自己。别人的精神会感染我，别人的榜样会带动我，人家行，我何以不行呢?

既然赞扬是人际交往的润滑剂，我们就要在与周围人相处的过程中，毫不吝啬地赞扬别人，使赞许动机获得广大而神奇的效用。

2. 感谢话要出自真诚

前面我们谈了赞赏的运用方法，目前我们再来谈谈感谢话的运用。

譬如，有人送了你一只花瓶，你说一句感谢话自然是必需的。但称谢的同时再加以对花瓶的称赞，则赠者必定更高兴。

“这花瓶的式样很好，摆在我的书桌上是再合适不过的了。”称赞中隐寓对方的选择得宜，他听来肯定更高兴，说不定他下次还有另外一件东西送给你呢！

“好极了，这张唱片我早就想买了，想不到你却送来了。”如果真是你渴望了许久的东西，你应当立即告诉送给你的人。

“对我来说这收音机再合适不过了，以后每天我们都可以有一个愉快的下午了。”直接把你打算怎样使用这礼物说出来，是一个很好的赞美方法。

“我从来不曾有过这么漂亮的手帕！”把最大的尊荣给赠者，他一定会感到很高兴的。

感谢和称赞，是有着密切的连带关系的。“得到你的帮助，我非常感谢。”这仅仅是感谢，如果再加上几句：“要不是靠你的帮助，而是靠另外一个人，一定不会有这么好的结果的。”加上了这样一句话，就觉得完善多了。

有些人接受了别人的帮助，因为没能十全十美，就表示埋怨；或接受了别人的礼物还说些吹毛求疵的话，那不仅是不懂得谈话的艺术，而且简直是太不近人情了。

3. 看人说话

有一位学者说过这样的话：“如果你能和任何一个人连续谈上10分钟而使对方产生兴趣，你就是成功的交际人才。”

这句话看来简单，其实也并不容易做到。因为“任何人”这个范围是很广的，也许是个工程师，也许是个律师，或是教师、艺术家等。总之，三教九流，各个阶层的人物，你能和他谈十分钟并使他感到有兴趣，都不是一件容易的事。

不论什么困难，我们总是要渡过这个难关。常常看到许多人因为对对方的事一无所知而相对默然，这是很痛苦的。其实如果你肯下功夫，这种痛苦的事情就会减少，甚至有成为一流的交际人才的可能。

“工欲善其事，必先利其器”，这虽然是中国的一句古语，但至今仍然适用。所以，首先必须充实自己，做到“利其器”。对于一个胸无点墨的人当然不能希望他应对如流。学问是一个利器，有了这个宝贝，一切皆可迎刃而解了。你虽然不可能对各种专门学问都有精湛的研究，但是对一些常识却是有必要具备的。有了一般常识性的学问，假如能巧妙地运用起来，那么应付任何人10分钟有趣的谈话，想必都是不困难的。

第五节　言语沟通的秘诀

言语不但是思想的媒介物，而且是思考的一种伟大及有效的工具。适切的言语是治疗心病的良药。　　（卡耐基语录）

多说话有两种害处：一、你显露并揭发了你自己的弱点；二、你失去了一个获得智慧及经验的机会。　　（卡耐基语录）

说话的方法可以决定人们彼此间的评价，以及洽谈事情的成功与否。因此我们可以说，不管你所从事的工作是何种性质，与人说话的方法都是促成事业成功的关键之一。

（卡耐基语录）

1. 要尽量少插嘴

插嘴就是一种钩子。但是，不到万不得已，我们最好不要用它。因为这种治病方法有时比疾病本身还更糟糕。

约翰·洛克说过：“打断别人说话是最没礼貌的行为。”

如果一个人在津津有味地谈论着一件事，听众们也像围着新娘的女宾一样兴高采烈，而这时你突然插上去一句：“喂，这是你到纽约去的那个礼拜发生的事吗？”

被你打断话的那个人肯定不会对你有好感的。其他的人大概也不会对你有好感。

因此，请记住：

不要用相关的话题阻断别人的谈话。

不要用毫无意义地评断扰乱别人的谈话。

不要抢着替别人说话。

不要急于帮助别人讲完故事。

不要为争论一些鸡毛蒜皮的小事而打断别人的正题（这尤其经常发生在夫妻之间）。

总而言之，别轻易插嘴，除非那人说话的时间明显拖得太长；除非他的话不再能吸引人，甚至令人无精打采；除非他的话越来越令人不快，他已经引起大家的厌恶。这时，你要是打断他的话，大家一定认为你是做了一件好事。

2. 切忌伤害别人

今天的社会经常把良好的礼貌同虚伪混为一谈。真正的礼貌绝不是出自虚伪，而是出于一种“体验”。这一点对演员来说最为重要，它是指你能够设身处地为别人着想，就像自己也身临其境一样。可以说，礼貌就是敏感，是一个人对他人表现出的崇高敬意。你应该对周围的事物保持敏感，当然，不可能做到每一次都感觉正确。但是，你还是应当去试试。

在一次小范围的聚会里，大家谈起一个城市，于是人们就议论起这座城市的交通拥挤、卫生不佳等情况。可是过了一会儿人们才发现，在聚会的人群中有一个是市长的秘书。

还有一次，有人向林先生介绍一家大报的记者A君。

他看上去引人注目，身着条纹西装，钩扣上还别着一枝红玫瑰，林先生肯定在该报头版新闻栏里看到过他的名字。于是，林先生信口说他是多么倾慕他写的新闻报道。“是吗？”他说，“你是第一个对我这样说的人，因为我是专门写认尸报告的。”这当然是一件失礼的事情。

你的话是否恰当，这要看当时的对象和气氛。比如谈论时事、赛马、宗教，可能在某些团体中很受欢迎，而在另一些团体中可能就不受欢迎。大选前夕，人们可能普遍情绪激昂；在“代沟”流行的那些日子里，谈论某些年轻人的行为，就有可能会引起激烈的反应。

简·柯特说：“灵活优雅就是懂得恰如其分。”除非是与那些喜欢争论的朋友在一起，否则最好还是避开会导致双方发火或争吵的话题。不要侵犯他人的隐私，调查局也许能这么做，而你却不行。要避开那些有关隐私生活的事，以及个人的带有刺激性的问题。

人们真感到奇怪，为何会有那么多动不动就问别人每个月的收入多少，或者是问小姐、女士的年龄多大了。有一个老太太对上面的后一个问题有一种绝妙的问答。“你能保密吗？”老太太反问对方。“当然！”对方回答。“那好，我也能保守秘密。”老太太回答。

假如你刚刚减轻了体重，或者刚戒掉烟瘾，那么对一个胖子或一个老烟枪谈起你是如何做到这一点的，也许是一个很不错的话题。但如果对方已经表现了明显的窘迫和不快，你也就不必坚持把全部细节说完了。

还有一点必须记住，不要使用伤害别人感情的字眼儿，虽然你可能并无恶意。比如，不干净的语言应尽量避免。

人终归是人，人具有思想和语言。绝大多数语言错误只是因为缺乏思考或者是无知造成的。对于他人的体谅仍将是人们公认的美德，事实上也的确如此。因为这一点正是衡量人类文明的一个重要准绳。

3. 要争论而不要争吵

散文家约瑟夫·阿迪森说：“善良的天性比机智更令人愉快。”

只要出自善意，讨论也就与谈话一样。相反地，那种怒气冲冲的争吵，一方激烈地攻击另一方，同时拼命地维护自己，这正是良好谈话的大忌。

信念和偏执的区别就在于：信念不需要通过争吵就能阐述清楚。中国有句谚语叫“有理不在声高”。不能说凡是发怒者的观点都是错误的，而是说他根本不懂如何表述自己的看法。

讨论的原则是：运用无可辩驳的事实及从容镇定的语调，努力不叫对方厌烦，不迫使对方沉默而达到说服对方的目的。

保持冷静、理智和幽默感。只要你能够听他说，他也愿意听你讲。假如我们能让自己专注于问题的讨论，而不是引向感情用事或固执己见，那么讨论就不至于降格为争吵。

如果我们的声音渐渐提高，说出“我认为这种想法愚蠢透顶！”这样的话，就是一种伤害他人的反驳了。此时，旁观者焦虑不安，朋友们躲到树后去，也就不足为奇了。为了赢得一场争吵而失去了一位朋友，实在是得不偿失的事情。

争吵会使人们分离，而讨论能让人们结合在一起。争吵是野蛮的，而讨论却是文明的。

有些时候，争论乃至争吵是不可避免的。即使在朋友或夫妻间也难免发生口角，但裂痕却可能隐藏起来。家庭中的情感宣泄有时可能有助于打破沉闷的空气，就像一场雷雨能把暑气一扫而光一样。然而即便如此，争吵以及弥合也最后在私下中进行。

有一位朋友参加了一个午餐俱乐部，他们交谈的话题涉及面很广，产生意见分歧是每天的家常便饭。通常的情况是，某位成员对问题做出了正确的回答，于是，话题就转移到其他方面去了。偶尔，问题暂时无法在餐桌上得到解决，就在下次聚餐时解决。

4. 要能容纳他人

在谈话中，排斥、冷落他人就如宴会中的女主人忘记给某位来宾上菜一样，是不可容忍的事情。

如果不注意，多数人都很容易忽略坐在角落里的沉默寡言的人，而只是对着自己感兴趣的听众与那些有吸引力的健谈者大谈特谈。我们总是希望能给宴会中的重要人物留下深刻的印象。然而，你是否愿意自己也体会一下被人冷落的滋味？而且说不定那个被人冷落的人其实正是你应该注意的目标呢？所以，我们不应该忽略任何一个平凡、普通的人，和他们打交道，让自己的目光真诚友好地与每个人交流，注意大家对你言谈的反应。

有一位律师，他总是在一群人当中只对其中的一个人讲话。他谈笑风生，但仅仅对一个听众，其他人实际上统统被他抛在脑后了。

在大多数社交场合中，总会有一些人，或至少有一位与群体格格不入的人。他可能从外表到举止都像是一个局外人，因而也就常常被别人排斥在外，不管他看上去多么枯燥无味，你也不应当这样对待他。我们每个人都会在某个时期感到自己是一个局外人，因此应该设身处地地替那个受到冷落的人着想，要让他感到自在，要让他参与进来！

5. 拓展话题的领域

开始第一句话要注意的是让人人都能了解，人人都能发表看法，由此再探出对方的兴趣和爱好，拓展谈话的领域。如果指着一件雕刻说："真像某某的作品！"或是听见鸟唱就说："很有孟德尔颂音乐的风味！"除非知道对方是内行，否则不仅不能讨好，而且会在背后挨骂的。

假如不知道对方的职业，就不可胡乱问他。因为社会上免不了有人会失业，问他的职业无异于逼他自认失业，这对自尊心很重的人来说是不太好的。如果你想开拓谈话的领域而希望知道他的职业，只能用试探他的方法："先生常常去游泳吗？"如果他说"不"，你就可以问他是否很忙，"每天上哪儿消遣得最多呢？"接下去探出他是否有固定工作。假如他回答"是"，你便可加上一句问他平时什么时候去游泳，从而判断他有无职业。假如他说是星期天或每天下午五时以后去，那无疑是有固定工作。

确定了别人有工作，才可问他的职业，如此就可以谈他的工作范围内的事情了。如果不知对方有没有职业，或确知对方为失业者，那么还是谈别的话题为佳。

6. 适可而止的问话

有些问题，当你得不到满意的答复时，是可以继续问下去的，但有一些问题就不宜再问。

比方说你问对方住在哪里，他假如只说地区而不说具体地址，你就不宜再问在某路某号。如果他愿意让你知道的话，他一定会主动详细说明的，而且还会补充上一句，邀请你去坐坐；否则便是不想让别人知道，你也不必再追问了。举一反三，其他诸如此类的问题，像年龄、收入等也一样不宜追问，以免引起对方不快。

不可问对方同行的营业情况。同行相忌，这是一般人的毛病。因为他回答你时，若不是对其同行过于谦逊的赞扬，便是恶意的诋毁。在一个人面前提及另外一个与他站在对立地位的人或事总是不明智的。

此外，在日常交际中要知道的是：一般来说，不宜问及别人衣饰的价钱；不宜问女子的年龄（除非她是六岁以下或六十岁以上的时候）；不宜问别人的收入；不宜详问别人的家世；不宜问别人用钱的方法；不宜问别人工作的秘密，像化学品之制造方法等。

凡别人不知道或不愿意让人知道的事情都应避免询问。问话的目的在于引起双方的兴趣，而不是使任何一方没趣。若能令答者起劲儿，同时也能增加你的见闻，那是使用问话的最高本领。

一位社交家说："假如我不能在任何一个见面的人那里学到一点儿东西，那就是我为人处世的失败。"这句话很发人深省，因为虚怀若谷的人，往往是受人欢迎的。记住，问话不仅能打开对方的话匣，而且你能够从中增益学问。

7. 开玩笑要有分寸

熟悉的朋友聚在一起时，大家不免开开玩笑，互相取乐。说话不受拘束，原是人生一件快事。不过凡事有利也有弊，乐极生悲，因开玩笑而使朋友不欢而散的事是经常有的，在口才艺术中开玩笑是否应被禁止?

这是大可不必的，如果在相识的朋友面前连开玩笑的话都不能说，那么人生在世，真是乏味至极了。我们必须注意的，只是如何避免因开玩笑而产生不良影响。

开玩笑之前，先要注意你所选择的对象是否能受得起你的玩笑。一般人大概可分为三类：第一类为狡黠聪明，第二类为敦厚诚实，第三类为介于上例两种之间。对第一类人，即狡黠聪明的人开玩笑，他不会让你占便宜的，结果是旗鼓相当，不分上下。第二类即敦厚诚实者，则无还手之功，亦无抵抗之力。这种人所见于外表的，不是道貌岸然就是无可无不可的，喜欢和大家一起开玩笑，任你怎样取笑他，他脾气也绝好，不会生气。但对于介于两者之间的那种人，应付时最要小心。这种人大概也爱和人说说笑笑，但一经别人取笑时，既无立刻还击的聪明才智，又无接纳别人玩笑的度量，结果男则变为恼羞成怒，大家不欢；女则独自躲在床上痛哭一场，说是受人欺侮。所以开玩笑前先了解对方，然后再去做最为妥当。

然后，开玩笑要适可而止。普通的开玩笑，一两句话说过便罢，不能老盯着一个人，这样绝大部分的人都是可以接受的。假如你只对一个人不停地大开玩笑，则绝大多数人是不能忍受的。

一般来说，开玩笑本来无所谓顾虑到对方的尊严。但如果使对方太难堪了，那就失去了开玩笑的意义。你笑你的同学不及格，你笑你的朋友怕老婆，你笑你的亲戚做生意因上了别人的当而亏了本，你笑你的同伴在走路时跌了一跤……本来这些都是应当抱以同情的，你却拿来取笑别人，不仅使对方难以下台，而且表现出了你的冷酷无情。同样，不可拿别人生理上的缺陷来做你开玩笑的题材，如对眼儿、脸上的麻子、跛足、驼背等。属于一个人的不幸，你应当对其怜悯而不是取笑。不可使开玩笑成为你的谈话习惯。除了开玩笑就不会说别的，这只能表示你的浅薄。故意在别人的苦恼上开玩笑的人，一定是个无情的人。

如果你怕不小心伤害别人的情感，而宁愿竭力避免开玩笑时，你可以把你的聪明才智移植在幽默上。诙谐而不下流，且具有浓厚风趣的语句，能使人快乐，更能发人深省。这种智慧型的幽默，是玩笑谈话中最上乘的，在不伤害别人的同时，使大家开心。如果你能诚心诚意地这样做，那么你一定能够获得更多人的信赖与更多人的钦佩，并将获得更多的朋友。

第六节　文字交流

文字真是个奇妙的东西。人们对文字的驾驭在一定程度上可以细微地反映出人们内心的实质。（卡耐基语录）

文字沟通必须讲求格式。各类书面性的东西都有不同要求，如果违反了这些要求，不仅达不到沟通的目的，反而会带来相反的效果。（卡耐基语录）

社会的进步，一方面打破了很多原有的戒条，另一方面又形成了许多新的规则，在所有要求文字沟通的正规场合，你均不能违规。

（卡耐基语录）

现代社会生活中，文字沟通也是一种必不可少的沟通方式。这样的方式一般用于正式的场合。比如各种文书，求职信，辞职书，等等，都属于文字沟通。

文字沟通必须讲求格式。各类书面性的东西都有着不同要求，如果违反了这些要求，不仅达不到沟通的目的，反而会带来相反的效果。在所有要求文字沟通的正规场合，你均不能违规。你必须按照规则把你该做的做到。这样你才能和对方有效沟通。

社会的进步，一方面打破了许多原有的戒条，另一方面又形成了许多新的规则，这些规则以程式化形式要求人们遵从。你是社会上的人，你希望被社会接纳，你希望能够融入其中，从而使你的人生健康、美好和成功。那么，你就必须使自己符合这些程式化的要求。在这些要求之下，你学习，你适应，最后你才来驾驭。实际上，等你一旦与这些程式和这些规则融为一体，你已将遵从转化成习惯之后，你实际上已从它的奴隶变成了它的主人。你实际上已在驾轻就熟地使唤这些程式和规则了。而这时，沟通对你来说，也就成为一种习惯，一种自然的本能了。

现代人生活中难免要接触大量的文书，如办公文书、会议文书、法律文书、财经文书、契约合同等。你处于领导的地位，所有这些文字性的东西，有的是给你看的，有的却可能由你起草。你是作为领导去同人家沟通的，假如你准确无误地接受了或发送了你的信息，你或对方的目的便达到了，反之，便会事与愿违。

有一个人坐在他的办公桌旁，他是一家大公司的业务主任。

他的办公桌上满是签条、函牍、契约等文件，他的电话机上那两个信号灯一明一暗地闪烁着，显示有人等着要与他通话。他正在跟两个人商谈，他们坐在那儿抽着烟，恭候着他。他看了看他的约会登记簿，记下他要参加的另一个重要会议，与该公司的董事长午餐，同时还得花上几个钟头的时间进行一个预定的计划，此外，他还得口授几封信，并且……

这样大的工作压力，如果落在你我身上，也许会把我们压得喘不过气来。“实在叫人吃不消！”我们也许会这么说。

但这个人却不如此。他感到愉快。

他不容任何混乱的想象破坏他的工作效率。相反地，他只在心中预期这一天所获得的成就。

他热诚地转向他的来宾，凝神地聆听他们的陈述，尽其所能地回应他们的需求。他拿起电话立即作答，然后又转向他的来宾。他告诉他们，他对所谈的事将采取什么行动，他对通话机口授一封信，然后回过头来问他的来宾对他的决定是否满意。他们满意了，于是他把他们带到门口，和他们热烈握手道别。一切如意、愉快地以一种简捷有效的方式朝目标前进。

这个人为何能如此从容地应付工作，并取得高效率呢？关键在于他能有条理地安排事务。所有的文书写作，第一要诀就是得有条理。这取决于你的思路是否清晰。清晰的思路才有助于和人沟通。

1. 你的求职信

你想求职吗？你知不知道一封求职信对你有多重要？

求职者是卖方。在当今社会，所有人造的商品都是卖方市场，而人这个可以制造商品的主体，也成了一种商品，也面临着买方选择。

要想将自己成功推销出去，就必须将自己的学识、能力、特长和素质等“货色”以最无懈可击的形式表现出来，并使买方相信。在这种时候，一份符合格式、文字精练的求职信是你和买方沟通的最好媒介。

阿蒙穿戴整齐，去参加一场招聘大会。

他什么也没带。他想，凭自己的聪明才智，不愁寻不到一份好工作，不愁没有单位相中自己。货卖识家，肯定会有老板慧眼识珠的。

但进入会场后，阿蒙发现自己错了。面对很多的公司，他拿不出一份足以说明自己的文字资料。而所有来招聘的公司，都要求应聘者出示这样的资料。阿蒙真的有些傻了，无论他怎样口若悬河，无奈没人听他的滔滔不绝。没有文字性的东西，人家拒绝和他沟通。

在这样的场合，没有按要求进行文字沟通，其实就是违规。违规者必定被罚出场。

2. 求职信写作的要点

为引发买主的重视与兴趣，你的求职信必须词义俱佳。这好比相貌，首先给人一个良好的第一印象，才有沟通的可能。

一般求职信有这几个部分：

（1）开门见山简单介绍自己，给买主一个初步的印象。介绍内容包括你的姓名、性别、年龄、学历、工作经验与专长等。

（2）说明你应征的职位或工作类别。千万不可小觑这一点，如果不注明这一项，主考人会以为你是一个“万金油”式的人物，什么都能做，但可能什么都做不好；也许还会给对方留下“不专业”的感觉，使你的形象受损。话又说回来，如果你真的具备多种专业能力，的确可以胜任多项工作，这也无可厚非，但你也应该在求职信中简要地强调说明你对应征的职位或工作种类都能胜任这一点。这样，招聘方在给你复函时才会有明确的工作项目。千万不要给招聘方出难题，这对你是有百害而无一利的。

（3）求职信中最为核心的部分，是你能够胜任该职位的理由，也就是要努力去凸显个人特色，以便在众多竞争者中脱颖而出，受到招聘方的青睐。你要把自己的知识、能力、经历、经验和与应征职位或工作种类相关的特长、个性特征等条件说明清楚，让“买主”感受到你确实有能力胜任此项工作。

（4）主要列出你的个人简历，相关文件也应连同求职信一起附上，并表达你希望招聘方复函或给你一个面试的机会。

（5）结束语，可用书信体中的专门用语，别忘记签上你的姓名和日期。

你还要注意以下几条：

要写收信人的姓名。

切忌书写潦草。

切忌错别字。

切忌说大话，措辞要中肯、真切。

不要提你的社会关系，即所谓的“后台”。

署名和具体日期要写清楚。

上面这些要求也就是这封求职信的要件，你有了如此一封诸要件齐备的求职信，才有可能去与人家沟通。

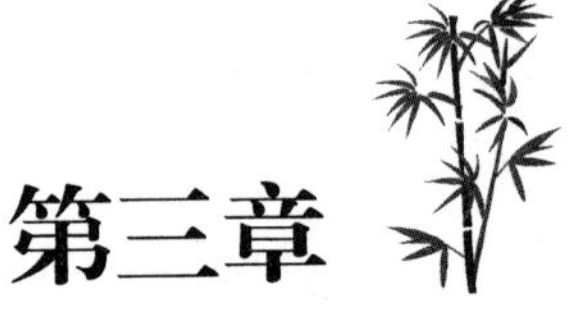

第三章

说话的学问

谎言是奴隶和君主的宗教，真实是自由人之神。对于说谎者的惩罚绝不在于没有人相信他，而是在于他不能再相信任何人。

（卡耐基语录）

假如丑陋的人偏想要别人称赞他美，跛脚的人偏想表现矫健，那么这种原来引起我们同情的不幸情况只会引起我们讪笑了。（卡耐基语录）

第一节　说话要讲究场合

使人产生厌恶的人们，可分为两类：一是自己没有一件事需要谈的人，二是不需有什么可谈的事而要胡扯的人。

（卡耐基语录）

语言与行动是神奇力量的截然不同的表现方式。语言是行

动的一种，同时行动也是语言的一种。（卡耐基语录）

说话人的言辞表达，不是在任何时间、任何地点都能够随心所欲地进行的，而是必须加以选择。否则就可能影响交际效果，甚至出乱子。（卡耐基语录）

说话必须要讲究场合，不注意这点，说一些不适宜场合气氛情境的话，往往与初衷适得其反。

说话场合有不该说的场合和该说的场合之分：

1. 不该说的场合

一个人在和他人的交往中，言语交流是必不可少的。有一副好口才，能言善辩，应对如流，确实能够展示自己的风度、才干，获得交往的预期效果。

但是，在许多场合，好口才却不能派上用场，甚至还会产生副作用，反而于交往不利。这时，来他个缄口不言——闭着嘴巴不说话，反倒更利于和人打交道，更能收到交往的预期效果。这就是不该说的场合。

例如，在一个人情绪失控的场合下，任何话语的安慰都难以让当事人接受，不如等他冷静下来，恢复了理智，再同他交谈为好。

在丧葬场合，说任何喜乐的话、玩笑的话，都能引起当事人的不满；安慰丧亲的不幸者，急于劝阻对方恸哭的话也是没有作用的，强烈的悲痛如巨石积压在心头，越压越重，不吐不快，让其宣泄、释放出来，反而有利于较快恢复心理平衡与平静的状态。

葛力内在一次会议中对一项决议投了反对票。这个政党的领袖来到他的办公室，指责他是本党的叛徒，企图破坏该党组织。

葛力内正在写稿，见他进来时并没抬头，好像不知道他就在身旁一样。来人见葛力内这样冷淡，更是火上浇油，越发生气，于是对葛力内辱骂起来。可是，葛力内就是不予理睬，依旧默默地写着他的东西。

来人无可奈何，绕着葛力内的桌子兜了一圈，回到原位，又滔滔不绝地重说了一遍。尽管来人几番重复这套盛气凌人的指责，但是葛力内始终没有停下手中的活。直到来人词穷怒息准备离去时，葛力内才慢慢地停下手中的笔，抬起头来，轻轻地一笑，丢过去一个得意的眼色，说："干吗那么着急走啊？回来尽情地发泄吧！"

有些人遇到麻烦的时候，经常喋喋不休，唠叨不止，殊不知这样正好暴露了自己的弱点，处在尴尬情况下，与其聒噪不停，甚至说错话，倒不如保持沉默。最有口才的人，往往表现在善于闭着嘴巴不说话。其心里像镜子一样明亮，尽管清晰地映照着事物，但却任事物来去而不加以迎送。因此，能够自如地应接事物而不劳心费神，最终战胜事物而自己却没任何损伤。

这就清楚地告诉我们：人际交往的效果，是不能笼统地以"说"与"不说"这一形式简单衡量的。"说"和"不说"，从表面看来，是两个互为矛盾的概念，就其实质而言，二者有一个共同的目的——为了获得最理想的交往效果。但从人的接受心理来看，从说话的场合来看，有时"不说"却可以收到"说"所不能收到的特殊效果。

“不说”，不是不会“说”，而是会说却不说。它是为了某种需要而有意为之的行为。也可以说是一种在特定场合下的办事、交际的策略。实际上，在特定场合下，它是一种更好的进攻方式。

人与人之间的交往，不管是哪一种“说”——聊天、座谈、辩论、询问、质疑、发言、讲课等，对言者来讲，都是以声音这一物质形式对听者进行刺激。这种刺激被听者感知以后，会迅速产生理解的反射，继而做出决断，促成自己应对的行为。所谓“兵来将挡，水来土掩”“你有来言，我有去语”就是这种应对方式，于是俗话中就有了“听话听声，锣鼓听音”之说。

反过来，交往之中如果本该说时却偏偏不说，这就等于把自己的内心世界完全掩藏起来，让对方感到高深莫测，也就无从产生理解的反射。并且还会使对方在心理上造成一种无形的压力，引起一系列的疑问和猜测：他是默认、赞许、同情、反对、胆怯、恐惧、轻视、尊重、怀疑、动摇、铁心还是抗拒？由于对方的沉默不语，自己啥都无法知道，于是引起自身的不安、惶恐、烦躁，导致自信的丧失，情绪的低落，意志的动摇，斗志的锐减。

“不说”的确是人际交往中言语运用的一件法宝。那么，在哪些情况下应该不说呢？

（1）在对方提出无理要求而且迫不及待之时。

（2）面对无休止的纠缠之时。

（3）面对恶意挑衅之时。

（4）面对狂躁、震怒之时。

（5）当下属或孩子有小过错，且又有所醒悟之时。

（6）当听众精力分散、窃窃私语之时。

（7）不速之客来访，久坐不去，而自己又没有时间与之闲侃之时。

（8）对问题不便明确表态时。

（9）向别人请教之时。

（10）听到有人指责、批评自己之时。

2. 该说的场合

该说的场合就是言语交际者在某种时间、地点、对象面前，可以说、应该说、必须说。

这种场合需要把握的是，究竟应该怎样说，说话的分寸在这里很重要。假的说得不好——深了、浅了、轻了、重了、庄了、谐了、喜了、忧了，都会影响交际效果。比如：结婚、过生日、乔迁、庆功、表彰、剪彩等场合，表达的只能是愉悦、欢快、祝贺、颂扬性的；奔丧、吊唁、追悼等场合，表达的只能是沉痛、悲哀、忧戚、肃穆性的；探病、问安、拜望等场合，表达的只能是宽慰、祝愿、企望、仰慕性的；群众集会，表达的只能是庄重、严肃性的；私人交谈，表达只能是轻松、随和、自由性的。对该说的场合的选择，有两种情况：

（1）说话者本来没有想说的意思，可现场情况导致你不能不说，如果不说，盛情难却，不好下台。

（2）如果不说，自己或自己组织的权益、名誉就要受到损害；如果不说，正义就不能伸张，邪恶就不能压制。

3. 地域不同说法不同

地域不一样人们对言辞接受和禁忌也有不同的要求，世界各地的表现大体如下：

欧洲人不喜欢听涉及自己的政治倾向、宗教信仰、年龄状况（女性更重）、家庭私事、行动去向等问题的话题，忌讳“13”与“星期五”。

朝鲜、韩国、日本人忌讳别人说“4”；

阿拉伯人喜欢听“星期五”；

泰国人喜欢听“9”；

菲律宾人不想谈论政治、宗教及腐败问题；

赞比亚人爱听尊称，最好加上职务与头衔；

新加坡人不爱听“7”，反感别人对自己说“恭喜发财”，忌讳谈论关于猪的话题；

扎伊尔人喜欢听随和、爽快、恭维的话；

俄罗斯人喜欢听尊称、敬语、谦辞，倾心于“女士优先”的话题；

突尼斯人喜爱别人在各种场合同自己打招呼，而且问候得越长、越久、越具体越好。

在中国，港澳地区的表现大体有：

香港人爱听吉祥话，涉及“福”“禄”“寿”的都很喜爱，乐于别人随时随地对他说“恭喜发财”。喜欢“3”“6”“8”等数字。忌讳别人打听自己的家庭住址、工资收入、年龄状况。忌讳语也较多，如“炒饭”“炒菜”，有解雇、开除之嫌，认为不吉利；“猪舌”有蚀本之嫌，改叫“猪利”；“丝瓜”有输光之嫌，改叫“胜瓜”。

澳门人喜爱听别人说话干脆，直截了当，不爱听转弯抹角、吞吞吐吐的话语。

第二节 说话要看对象

当两个人在谈话时，其中一人可以倾耳聆听。但是当三个人一起谈话时，这世界上就找不到能够认真研究问题的谈话方式了。（卡耐基语录）

每一个人都该学得说话简洁。冗长演讲虽可使讲者快意，但却是听者的刑罚，连这一点都不清楚的，是愚昧的征象。（卡耐基语录）

人们说任何一句话，都希望能够对听话人产生作用和影响。但在社会交往的过程中，因为听话对象不同，产生的作用和影响也迥然有异。（卡耐基语录）

听众的不同体现在许多方面，包括民族、地域、性别、年龄、职业、文化、修养、阅历、性格等诸多方面。同一句话，有的人能够听得懂，也有人干脆听不懂。有的人可能只听明白了本意，也有人可能听出了弦外之音；同一个意思，有人领会为褒，也有人可能领会为贬。因此我们说，只有语言的接受对象——即听话人才能检验说话者的表达效果。所以，对说话者来说，要想达到某种表达效果，就必须区分接受对象。根据不同的接受对象施以不同的表达方式和表达技巧。

林肯1863年11月19日在美国葛底斯堡国家公墓落成典礼上的演说，之所以被誉为“演说无价之宝”，就在于这一演说紧紧抓住了听众心理。

区分接受对象可以从很多方面着手，主要有：

1. 看性别

不同性别，对言辞的接受也不同。俄罗斯有一句谚语说："男人靠眼睛来爱，女人靠耳朵来爱。"这就指出了性别对于接受是有影响的。无论是言辞涉及的内容，还是言辞表达的程度、声调都如此。

在现实生活的社交场合、会议间隙、公益活动中，人们在礼节性的互致问候之后，往往喜欢三个一群、五个一伙地聚在一起交谈。而这三个、五个的，又总是按性别组合的——男士和男士侃，女士与女士谈。我们注意到这样一个情况：男士的话题大而广，女士的话题小而狭。一般说来，男士爱谈的是时事、政治、法律、体育、文化、社会问题、经济动向等；而女士爱谈的则是服饰、孩子、丈夫，日常经济，消费心得，风流艳闻等。说话者必须依据性别选择说话内容，努力让自己的言辞吻合接受者性别的需求。

在说话者言辞接受的程度上，一般说来，男士较能承受率直、干脆、粗放、量重的话语；而女士则喜欢委婉、轻柔、细腻、量轻的话语。说话者必须按照接受对象的性别，选择自己的表达方式与程度。

在通常情况下，说话者如果是男士，而接受者又并非自己的妻子、恋人或关系很密切的姐妹，那么，言辞就应当严格把握分寸，在内容上、方式上都要充分注意女性的接受特点。一些能够向男士说的话，就不一定能对女士说；一些可以向男士使用的表达方式，就不一定可以用之于女士。

例如，对于陌生的女性，就不宜轻率地询问她的年龄，也不应贸然询问她的家庭住址及家庭情况。即使是那些十分熟悉的女性，也切忌因某事而讪笑人家，更不能说其他女性的坏话。

对男性，说得随便一些、重一些、粗放一些，甚至偶尔带点儿骂词也无多大关系；但对女性就不可以这样，并且涉及性、爱的话题，要力求回避。尤其是男女之间的个别谈话，以及开玩笑、逗趣之时，就更应注意区别使用适宜的言辞。

懂心理学的管理者还善于根据男女性别心理上的差异巧妙说话，从而顺利地达到自己的交际目的。

对于“老”字，男人一般感觉没多大关系；但若用以形容女性，就会明显欠妥。

冬天，在电影院中，常有年轻女观众入场后不脱帽子，影响后面的观众观看。为此，放映员多次广播：“影片放映时请不要戴帽子。”但许多人依然我行我素，不予理睬。后来，放映员干脆说：“本影院为了照顾年老体弱的女观众，允许她们照常戴帽子，不必摘下。”结果，所有戴帽子的女性全摘下了帽子，因为她们都不想让别人认为自己是衰老之人。

2. 看教养层次

教养是指接受对象的一般文化与品德水准，包括文化程度、知识积累、生活阅历、涵养气度等。教养层次不同，对说话者言辞的接受程度也不同。有些话说出来，甲听得懂，理解得了，乙却可能听不懂，理解不了。因此说话者在进行言辞表达时，要认清自己的接受对象教养层次如何，盲目表达不仅达不到说话的目的，甚至还会弄巧成拙，贻笑大方。

3. 看性格

人各有其情，各有其性。言辞表达的内容和方式必须因人而异，符合接受对象的脾气、性格，才有可能产生“同声相应，同气相求”的效果。

性格外向的人易于“喜形于色”，性格内向的人多半“沉默寡言”。同性格外向的人谈话，你能够侃侃而谈；同性格内向的人谈话，则应注意循循善诱。日常生活、公关活动等各方面的交谈也要注意这一点。

4. 看对方心境

心境通俗地称为心情，是一种比较持久的、难言的，但可以影响人的整个精神活动的情绪状态。大家知道，在听觉方面，声波在耳蜗内转变成一种可供神经系统使用的密码，通过神经系统的处理，听者就将这些编了码的信号感知表达成了说话者意思的词汇。既然听者要将接收到的信息通过神经系统处理，那么，听者的心境，也必然影响到语言的交流效果。

人际交流中时常会有“言者无意，听者有心”的情况，说话不注意洞察对方的心理状态，往往会发生意外的问题。所以，同样一句话，不同的人听来感受也会完全不同。

5. 看文化背景

随着社交范围的不断扩大，我们的交际对象也将会有不同国家、不同民族、不同地区、不同阶层的人，要适应交际的广泛性，就要考虑不同文化背景下说话的特点，让我们说出来的话与特定的文化背景协调一致。拿交际场合的称呼语来说，受文化背景的制约就非常明显：各民族在长期的社会发展中，形成了各自的称呼习惯，能使交际对象产生良好的心理效应。

如英美国家习惯称已婚妇女为“夫人”，称未婚女子为“小姐”，在比较严肃的场合，通常统称为“女士”。如果错称已婚者为“小姐”，在比较严肃的场合一般会被谅解：因为，西方女性认为这是一个“令人愉快的错误”。然而，在日本，妇女一般不称“女士”“小姐”，而称“先生”，如“中岛京子先生”。

6. 看身份

身份包括接受对象在社会上的地位与职业。一般来说，不要对一个无职业的人，去传授什么领导艺术；不要对一个中小学生，去谈什么计划生育；不要对一个建筑工人，去介绍什么养殖技术。一个学术会议，与会者都是专家、教授，而你不过是一个刚入门的初学者，却在会上夸夸其谈，就不恰当；一个领导办公会，与会者都是领导人，假如你仅仅是一个普通的工作人员，却在那里指手画脚，就不应该。

区分身份，这在日常交谈中是非常重要的。比如一位年轻人路遇长者、前辈，打招呼说：“嗨，老兄，哪儿去？”这就未尊重接受者的身份。同样，一个小孩子过生日，作为其父母的同事、朋友被邀去做客，他致祝词说：“衷心祝你健康长寿！”这就抬高了听话人的身份；对你的直接上司直呼其姓名，就不合适；对从事任何职业的人都一概称之为“师傅”也属不当。

与上司说话，或探讨工作，就应当尽量用请教的语气。向上司多请教工作方法，多讨教办事经验，他会觉得你尊重他，看得起他。所以，在工作中，在办事过程中，即便你全都懂，也要装出有不明白的地方，然后主动去问上司：“关于这事，我不太了解，应当如何办？”或“这件事依我看来这样做比较好，不知局长有何高见？”

上司一定会很高兴地说：“嗯，就照这样做！”或“这个地方你要稍微注意一下！”或“大体这样就好了！”这样一来，我们不但会减少错误，上司也会感到自身的价值，有了他的帮助和支持，后面的事情就好办得多了。

此外，说话人在特殊的场合，还要注意自己的身份，一旦说出与自己身份不符的话，定会遭人非议和厌烦。

一位大学生毕业后到一家工厂工作，起初受到了领导赏识，但好景不长，不到一个月，车间主任就对他越来越冷淡了。他怎么也弄不清楚其中的原委。经一位好心师傅点拨，他才恍然大悟：原来他刚走出学校，讲话爱用术语。什么“程序化”“控制论”“结构定向”等。而车间主任是个中专毕业生，最烦别人在他面前咬文嚼字，卖弄学识。这位大学生无形中触到了领导的“自卑感”，而导致自己处于不利位置。

在特殊的场合，说话人不但要考虑自己与对方的身份，还要考虑对方与自己的亲疏关系。

在一次修辞学会的年会上，学会负责人第一个做学术报告。他在开场白中说：“先叫我这个老猴耍一耍，然后你们中猴、小猴耍。我老猴肯定耍不过你们中猴、小猴。不过总得带个头吧！”代表们听了觉得有意思。报告人年近古稀，又是修辞学会的会长，资格老，跟到会的中青年代表都非常熟悉。他把自己比作老猴，把别人比作中猴、小猴，既恰当又风趣。真是“庄谐杂出，四座皆春”。假如一位脱颖而出的年轻人也说类似的话，比方说：“我是一个小猴，先让我来耍一耍，然后你们中猴、老猴耍。”听的人就会非常反感。

第三节　说话的时机和原则

说话不可太过大胆，亦不可失于谨慎。莫叫你的舌头抢先于你的思考！在要说一件事情之前，有三件事要考虑——方法、地点、时间。（卡耐基语录）

“言贵精当，更贵适时。”能否把握好说话的时机，直接关系到一个人的说话效果与交流效果。所谓时机，就是指双方能谈得开的时候，对方愿意接受的时候。（卡耐基语录）

人们在相互交往时，说话应当遵循具体的原则。这是因为人们说话的目的是为沟通感情、交流思想，达到交往、学习和办事的目的，你要说什么、怎么说，都是在目的牵引之下进行的。

（卡耐基语录）

1. 说话应看时机

我们在选择时机的时候，特别要注意认准时机。什么时机说什么话，这是非常重要的。人的情绪有高潮期，也有低潮期。当人的情绪处于低潮时，人的思维就表现出封闭状态，心理具有逆反性。这时，即使是最要好的朋友赞颂他，他也可能不予理睬，更何况是求他办事。而当人的情绪高涨时，其思维和心理状态与处于低潮期正好相反，此时，他比以往任何时候都心情愉快，说话和颜悦色，内心宽宏大量，容易接受别人对他的求助，也可以原谅一般人的过错；也不过于计较对方的言辞，同时，待人也比较温和、谦虚，能不同程度地听进一些对方的意见。所以，当对方情绪高涨时，正是我们与其谈话的好机会，切莫错失良机。

在对方喜事临门时说。所谓喜事临门时，是指让人高兴、愉快、振奋的事情降临于对方时。如对方在职位上晋升时；在科研上攻克难关，取得重大成果时；工作中成绩突出，受到奖励时；经济上得到收益时；找到称心伴侣、婚嫁或远方亲人来探望时，等等。常言道："人逢喜事精神爽""精神愉快好办事"。在喜事降临对方时，我们上门找其谈话，对方会不计前嫌，而且会认为是对他成绩的肯定，喜事的祝贺，人格的敬重，从而也就乐意接受或欢迎你的到来了，所求之事，多半会给你一个完满的答复。

中国人历来讲究礼尚往来，滴水之恩当以涌泉相报。在你为他帮了一个忙后，他就欠下了对你的一份人情，这样，在你有事求他帮忙的时候，他必然知恩图报。在不损伤对方利益的前提下，他能做到的事情，一般情况下会竭尽全力去帮助你。"将欲取之，必先予之"，托人办事的时机，我们是可以进行预先创造的。

若要解决冲突应在对方有和解愿望时。伦理学原理告诉我们，绝大多数人都具有"羞恶之心"，这种"羞恶之心"体现在与他人发生无原则的纠纷之后，会对自己的行为自觉地反省。通过反省察觉到自己的过错之时，一种求和的愿望就会油然而生，并会主动朝对方发出一系列试探性的和解信号。这时，只要我们能不失时机地友好地找对方谈谈，僵局就会被打破，双方的关系也会重新“热”起来。所以，我们要善于捕捉对方发出的求和信息。例如，对方主动和我们接近、打招呼，与我们见面时由过去满脸阴云到“转晴”，或者暗中帮助我们排忧解难等。这时，我们就应该及时投桃报李，以更高的姿态、更炽热的感情找其交谈。我们切不可视而不见，见而不说，说而不诚。否则，对方一旦认为求和试探失败，和解的愿望就会顿消，误解就会转化为敌意，将会出现严重对抗的局面。

在日常交流、公关活动中交谈，注意对方的情绪很重要。对方情绪好，就多说几句；对方情绪不好，就少说几句，或者索性不说。同时还应注意，交谈时不应涉及对方秘而不宣的想法或隐私，不要多谈对方（除非是熟知的亲友）的健康状况，他如果身体不适，这样的话题很可能勾起他的愁绪，影响谈话的效果。

比如，同失意的人谈得意事，就容易低落对方的情绪。有人跟40来岁的老姑娘说：“下星期二车间的丽密丝结婚，咱们凑个份子吧。”这种不考虑对方心境的话是极惹人讨厌的，这样去接近对方只会适得其反。

说话时还要注意看前言后语。前后话语，人们常称之为“上下文”，指话语本身的环境。言语表达效果怎样，与上下文的配合有直接的关系。

2. 应把握说话的时机

适当的说话时机有一个不可缺少的要素——即在恰当时间里，利用有限的几个语句，充分地表达自己完整意愿的能力。

除了注意不同时机选择不同的话题，在和人交谈的时候，还要从对方的立场、处境、时间等方面多加考虑。

比如，当我们探望病人的时候，尽量不要提到悲观的事情，更忌不吉利的“死”字；与人聊天时，如果对方的表情心不在焉或是情绪烦躁，就应当马上转换话题，若是对方总是看表，并流露出焦急不安的神情时，我想，你就应该长话短说，迅速打道回府了。

在你与人交谈的时候，免不了引用其他的话题来打比方，但是你要记住，打完比方之后，一定要将话题再转回到主题上来，否则的话，就会让听者一头雾水，分不清你所谈内容的主次了。若想交谈不冷场，除了要注意以上几点，还应当注意叙述的方式是否得当。如果直接叙述，不加任何评论或渲染，即便有再好的主题，也不会使话题生动有趣。所以，我们在与人交谈的时候，最好能够根据话题的内容，主动地发表自己的观点，以带给对方新鲜的感觉。如若没有意见可发表，你不妨引用他人的说法来完善话题，也可以收到比较好的交谈效果。

总之，我们在与人交谈时，一定切忌直述话题，那样势必会让交谈的内容枯燥无味，不仅如此，你自己也会越谈越觉得谈不下去，双方都陷入尴尬的境地，从而导致交谈中断。对于这一点，我可是再一次地提醒你，千万不要大意哟！

许多人有一个共同的毛病，即在不必要的时机中，把自己所拥有的一切话题，在一次机会中全部谈完，等到需要他再开口时，他已无话可说了。这种现象，不论是在普通会话还是在正式演说中，都是应当引起我们重视的。

说话时机的适当与否，总有些倾向能显示出来。比如当你要去拜见某一位要员时，最好是确定在对方乐于接见你的时候去。有时候推销员常以充分的理由认为他在一定的季节或星期几去访问顾客必能获得成功，他们确信那是向对方提出话题的最好时机。即是说，我们要寻找适当的时机向上司提出诸如设备不够，或劝其购买新的设备等问题，如果上司对办公室目前的桌椅安排都已心满意足，当然不可再向他提出新的建议。换言之，即便你有新的设想，也必须稍作等待，使上司冷静一段时间再说。这种做法并不是劝你“不要说出来”，而是劝你在不适当的时机“什么都不要说”。

假如有一个人家正在办丧事，处于无限悲痛之中，你就不能以要求的口吻叫他去做这个，做那个。如果某个工厂的老板因为使用新技术，却没有获得成功，正在懊恼的时候，最好不要再毫无保留地去评论这个新技术，必须等对方后悔之情淡漠以后，再去说明其中原因。假如公司在竞争中处于下风，而你还反复不停地议论参加这次竞争的不明智，那真是愚蠢至极的行为。良好的说话时机，是需要摒除这一切不利的因素。

著名的财政顾问罗生·W.伯布逊先生曾说过：“把握适当的时机说话相当重要。首先我们必须看清楚有希望的顾客，是否真的具有认购的意愿。如果你忽略了对方的问题，而大谈自己的问题，那么说明你根本没有把握住重点。譬如，我个人过去每次推销产品时，都一再强调，这种产品对对方是如何有助于他解决目前的问题的。而一向恪守的原则就是不要谈论自己的意见。”

假如你是一名推销员，当你以顾客为对象进行工作时，必定能够从中体会到如何把握良好时机的秘诀，也必定能够了解如何引起对方的兴趣，如何让对方认清自己所提出的有利地方和特点。同时你也应该知道，如果要使这笔生意在一次言谈之下能签订合同，你该在什么时机说什么话；假如你是从事广告业务的，那么你一定要知道什么时机适合做何种商品或服务性的广告；如果你是一位从事制造方面的工作人员，那么当你训练新员工时，也必须了解何时适合于进行这样的职前教育。

参加聚会或各种集会必须发言时，需要特别注意时间问题。从开始说话到结束话题，不论任何段落，说话的时间都是非常重要的。即使平常我们写一封信，把它当作广告或直接投递的推销信，也必须注意发函时间，因为对方收到资料的时间对我们的目的来说有着重要的关系。不要忘记，时间是一切行动的指针，这和掌握良好时机是工作中必须考虑的要素一样重要。

举一个例子来说吧，在足球比赛中，当球员逼近对方大门时，必须把握时机起脚射门。假如稍一犹豫，对方后卫就可能上来抢断，那么绝好的机会就消失了。

再拿拳击比赛来讲，如果比赛时只是一味地胡乱挥拳，又怎么能击中对方呢？有些选手会选择离开对方一定距离，再来一记勾拳，这样就可能让对方招架不住而倒地了。这些都是运用良好时机的典型例子。

3.应把握说话的原则

一般而言，人们说话近一点儿的目的是学习与交往，远一点儿的目的是为了争取办成某件事情。但是，不管是近一点儿的目的，还是远一点儿的目的，都是以相互交往为出发点的，因此，你必须遵循以下原则。

（1）客观性原则。就是依照事物或问题的本来面目实事求是地去认识、去反映，不夸大，也不缩小，不是从说话人自己的立场感情出发去表达；不隐瞒、不臆造，怎么想就怎么说：说话人所表达的，是他内心所想的，即“言为心声”，而不是心口不一或口是心非。简单地说，真实也就是说真话，表真情，达真意。

在人际交往时，真实是赢得人心、获得成功的保证。某国的经贸部长在一次记者招待会上曾遇到过一个很棘手的私人问题。记者问："请问部长，您为什么至今还是独身一人？"对此，部长是表示无可奉告，还是避实就虚含糊了事？人们揣测着可能出现的各种回答方式。然而，部长的回答大出众人意料，她既不回避，也不闪烁其词。

她说："我不信奉独身主义。我之所以单身，与年轻时的思想片面有关。一是受文学作品的影响，心里有一个标准的男子汉形象，而这种人现实生活中没有；二是总觉得应先立业后成家，而这个业又总觉得没有立起来。然后就是在山沟里一躲20年，接触范围有限。等走出山沟，年龄也大了，工作又忙，就算了吧。"

这一席坦率的回答让众人感到吃惊，同时也使众人大为感动。正是这种坦诚直率的大实话才使部长拉近了和大家的距离，也正是这种诚实的工作作风，使她成为对外贸易谈判中令对方竖指称赞的女性。

一个不说真话的人，事实上是不能和人沟通、交流的。即使在一段时间可能获得某种交际效果，但最终还是要付出代价的。在世界历史上，一举击溃拿破仑大军的俄军统帅库图佐夫在俄国人民中具有很高的威望。卡捷琳娜公主曾问他究竟靠什么魅力团聚着社交界如云的朋友，他回答说："真实、真情与真诚。"

口语表达必须坚持真实性原则，但并不等于任何时候、与任何人所说的话都必须是真实的。有时完全真实，反倒会影响人际间的交往。比如一个年纪很轻、热爱生活且又感情脆弱的人，医生忽然诊断出他患了不治之症，将不久于人世，亲朋获知这一信息，就不应当对他说真话，而要隐瞒实情，甚至编造出一些美言丽辞来安慰他。表面来看，这确实违背真实性原则，但从实际交往需要来说，这又是合情合理的、必需的，这是对病人的关心和爱护。言辞表达的最终目的是实现与接受者的沟通、交流。在这样的情况下，说真话不但不能实现沟通、交流，而且还可能造成接受者的精神崩溃，因此，只有不说真话才是上策。

有时，说话人受某种环境的制约，在进行言辞表达时，也可能在“真实”上打一些折扣。应该说，这是一种说话的策略，与我们所强调的真实性原则是有区别的。

（2）诚实性原则。诚信，就是诚挚、信用。它要求说话人所表达的言辞是诚恳、真挚而又有信用的。

说话人如果能够以诚信对待接受者，就会联络感情，赢得信赖，加强沟通，直至化解矛盾。而出口巧舌、哗众取宠、夸夸其谈、浮泛聒噪、口惠而实不至，只会令人反感，失掉信任，使你沟通交流的愿望落空。

（3）尊重性原则。就是说话人所表达的言辞要能尊敬、重视接受者以及和接受者有关的人，不能以侮辱、歧视、损害人的态度说话办事。

尊重别人，别人才会尊重你。俗话说，你敬我一尺，我敬你一丈，就是这个道理。你不尊重别人，别人也不会尊重你，结果到头来，彼此都不沟通、不合作，显然达不到交际的目的。

90岁高龄的文艺界老前辈威卡斯可以说是尊人的典范，临终前他感到身体十分不舒服，身边的秘书说：“我去叫大夫。”正待秘书开门欲出时，威卡斯说：“不是叫，是请。”随后便昏迷过去，再也没有醒来。想不到这一句简短的尊重言辞，竟成了他的临终遗言。他之所以在这个时候还注意尊重别人，要纠正秘书的失误，这是他一贯养成的作风，他历来说话都是这样。这充分体现了他的高风亮节，也使人们更加敬重这位老前辈。尊重原则的把握不仅是言辞表达上的要求，而且体现着说话人的修养。

尊重性原则，在下级对上级、学生对老师、孩子对父母这些方面，是容易做得到的。但倒过来，就不那么容易了。因为他们彼此间分明存在着一种身份、地位的不平等，稍不注意，就会表现出不尊重的色彩。这一点，我们应当认真对待。

第四节　讲究说话的技巧

口——对男人是灵魂的出入口，对女人则是心灵的出入口。一个会讲话的人，不是记得别人说过的话，而是能说些叫人记得的话。　　（卡耐基语录）

说话人如果想怎么说就怎么说，在形式上就会带来很多麻烦，听者要么听不懂，要么不理解。甚至产生误解，交际目的就无法实现。　　（卡耐基语录）

假糊涂乃真聪明之大哲学。聪明的人说糊涂话是为了平息事端，减少麻烦，让彼此不再较真，使矛盾不再激化。

（卡耐基语录）

1. 说话要符合逻辑

逻辑指的是人类思维活动的规律与形式。说话人在以言辞进行交际的时候，必须合乎逻辑要求，否则就不能达到交流的目的。

违反逻辑规律的言辞表达主要表现在下面几点。

（1）含糊其词。就是故意将话说得不清楚，不明白，含含混混，让听者不得要领或无从深究。

（2）模棱两可。模棱两可又称模棱两不可，就是对同一事物或问题互相矛盾的两个方面，都认为可以或不可以。

（3）言行不一。就是说的是一套，做的又是和说的相矛盾的一套。现实生活中，这种现象是十分普遍的，尤其是那些心术不正的人，他们为达到某种不可告人的目的，往往假以美言，说得很好听，以蒙骗听者。

（4）转移话题。就是故意将本要涉及的话题转换成其他，以解除尴尬或逃避诘难。

（5）背离中心。就是本来说的是这件事、这个问题，但说着说着，话题竟跑到另一个上面去了，出现了前后不一的现象。

（6）偷换概念。就是故意拿不同的概念来换掉原来确定的概念，以造成混乱。

如某建筑工人上班时忘戴安全帽，安检员不准他进入施工现场。他指着围栏门上挂着的一个牌子说："我是按规定才不戴安全帽来上班的。你看，这不写着'非工作人员不得入内'吗？安全帽当然是'非工作人员'，我怎么可以戴着它入内呢？"这里，"非工作人员"的概念就是被该工人偷换了的。

（7）混淆概念。就是把本来不相同的概念当成相同的概念来使用，或者是将同一个概念在不同的含意下混同使用。

如一个学生砸坏了教室的玻璃窗，老师批评他不爱护公共财产，叫他赔偿。他说："公共财产，人人都有份，我是公众的一分子，我砸烂的是我那一份，我赔给谁？"学生将"公共"这个概念在集合意义下的使用，同在非集合意义下的使用混同起来了。"公共"是所有人的集合体，其性质是不为它的组成分子（即每一个具体的人）所具有的。

2. 说话要符合语言规范

语言规范是指说话人在言辞交际过程中，必须遵守的语言规范要求，不能由于语言表达的混乱、不完整而词不达意，让人不知所云。

语言的规范主要包含两方面：

（1）语音必须清晰准确。说话人要表达什么，必须是不含混、不模糊，清清楚楚、明明白白地说出来，使接受者一听就明白，一听就懂。这样，表达才有作用，交际的目的才能实现。

对一些关键字词的发音，应尽量说得慢一些，说快了、急了，容易产生声音共振而使语音含混，使人听不清楚或产生误解。

（2）语句通顺明了。主要指用词前后协调准确、意思完整，不多余、不错乱等。

要做到语句通顺明了，以下两方面应当注意。

第一，不生造词语。生造，是指按照自己的意愿杜撰、编造语词。虽然语词在交际实践中不断丰富、发展，但它的使用有一定社会基础，绝不是任何人都可以随便生造的。

第二，符合习惯要求。习惯是人们在长期的社会生活中逐渐形成的规矩、风尚，有些虽然从逻辑或语法的角度看并不规范，但既然已经在长期社会生活中形成，就应该按约定俗成的原则来处理。比如“打”，其词义一为用手或器具撞击物体——打人、打鼓；一为发生与人交涉的行为——打官司、打交道；一为制造——打毛衣、打镰刀等。但“打的”“打工”“打瞌睡”“打酱油”“打折扣”“打圆场”之“打”，就没有上述意义。使用这些词汇时，只能是约定俗成，大家都按习惯办。还有像“打扫卫生”“救火”“养病”“晒太阳”之类，也属此种情况。

由于国别、民族、地域、信仰等差别，习惯要求也不一致。表达者需要入乡随俗，使自己言辞合乎接受对象的习惯。否则就要出差错、闹笑话。

3. 抓住问题的本质

受到种种因素的刺激，人们往往容易情绪失控，不经过深思熟虑，就盲目地采取行动。为避免这种情况，我们应当先设法让对方的情绪稳定下来。然后抓住问题的本质提出比贸然行事更合理、更有利的举措，这样就能让对方冷静地思考、权衡，并为了更大程度地维护自身利益而抛弃原来的草率决定。

4. 用数字表达

在古今中外的很多言语表达中，一个个、一串串、一组组数字在其中发挥着奇妙的作用。这不只取决于数字的清楚、明白，也取决于数字说服力强、表述准确，还取决于数字运用于广泛的领域，很少受时空、形式、趋向等外界因素的限制，可以纵比也可以横比。数字好像晶莹透明的星座，散发着奇异的魅力。

数字运用要准确精当，不能含混，也不能想当然。不能与“大致”“大约”“可能”“好像是”等含混不清的词并用。如：

“他是一个清贫的平凡者，他整个的家当听人说仅有三件：一台九英寸的黑白电视机，一台半导体收音机，一个试销单桶洗衣机。”

其中“听人说”大大减弱了数字的力度。

运用数字时，可以对数字进行形象化的解释。如：

有时重视数字的尾数可使听者增加信任感：

“今年营运指数上升率为5.317%，虽然只超过去年3个百分点，可这是在什么背景，何种情况下呢？朋友们！”

说话时，数字运用要简洁、精巧，不能太滥、太泛，如果过头会偏于枯燥，不太好记且容易产生听觉错误。

5. 摆出利弊，让对方权衡

在社会生活中，人们经常会劝导别人。劝导者必须说明白话、指明白路才易于被对方接受。如果能够列出对方可以选择的若干条道路，帮助分析选择不同道路可能带来的大相径庭的后果，叫对方权衡利弊，自行选择，就一定会收到更好的效果。

6. 化严肃为诙谐

人们时常要面对一些纠纷，一般说来，纠纷双方都会把问题看得很认真，否则，双方就不会扯着矛盾不放。在这种时候，化严肃为诙谐也是一种很明白的处理方法。

1943年11月底，在德黑兰会议上，就怎样处置德国纳粹分子一事，苏联元首斯大林跟英国首相丘吉尔发生了争吵。斯大林毫不掩饰他对纳粹的仇恨，认为至少应处决5万名纳粹分子，一经俘获，立即处决。企图利用德国来制约苏联的丘吉尔一听，立刻跳起来大声反对。斯大林紧盯着丘吉尔，斩钉截铁地说："一定要枪毙5万人！"丘吉尔毫不示弱，坚持己见。在场的美国总统罗斯福在这个问题上倾向于斯大林，但他不是单纯地支持斯大林，而是用折中的方法笑着打圆场："我要来调解你们的争执了，那么减为49500人行不行？"斯大林一听，自然高兴，而丘吉尔则感到自尊心得到尊重，便不再坚持，于是会议顺利地进行下去。

怎样处置德国纳粹分子一事关系到苏联、英国的切身利益，因此，斯大林和丘吉尔为了本国利益互不让步，争执不下。斯大林说的"5万"并不是一个确切的数字，罗斯福把它降为"49500"这个确定的数字，灵活地采用了市场上讨价还价的方法解决这个严肃的问题，打破了僵持的局面。这种有意的不合时宜的说法产生了幽默风趣的效果，缓和了会议上剑拔弩张的气氛，使事态出现了转机，会议得以顺利进行。

7. 把握说糊涂话的技巧

（1）以糊涂应变。当某种局面难以左右时，可以糊涂地应付过去。如此既可以保全自己的面子，也能够使对方的语言或行为失去应有的效力。

第一次世界大战后，土耳其获得独立。英国伙同法、意、俄等国，在洛桑和土耳其谈判，企图继续奴役土耳其，迫使土耳其签订不平等条约。土耳其代表伊斯美外长提出本国条件时，一下子触怒了英国外交大臣，他咆哮如雷，挥拳吼叫，恫吓加威胁。

伊斯美作为小国代表，虽然受到列强围攻，他却装耳聋，一声不吭。等英国外交大臣喊完了，他才不慌不忙地张开右手靠在耳边，把身子移向英国代表，十分温和地说：

“阁下，你刚才说什么，我还没有听明白呢！”瞧，假借糊涂装聋作哑，使对方的恫吓毫无价值。

（2）以糊涂获利。装糊涂有时还可以引起别人的兴趣，并从他们的兴趣中获得收益。

据说美国第九任总统威廉·亨利·哈里森出生在一个小镇上。他小时候是个文静怕羞的小孩儿，人们都把他看作傻瓜，常喜欢捉弄他。他们经常把一枚5分硬币和一枚1角的硬币扔在他的面前，叫他任意捡一个，威廉总是捡那个5分的，而且傻笑着对着行人说：“我喜欢要这一个，这一个值钱！”于是大家都嘲笑他。有一天一位好心人问他：“难道你不清楚1角钱比5分值钱吗？”“当然知道，”威廉慢条斯理地说，“不过，如果我捡了那个1角的，恐怕他们就再没有兴趣扔钱给我了。”

（3）以糊涂容人。在一些细节问题上不要太较真，否则会叫人感到你心胸狭隘。为了表现自己的宽宏大量，说些糊涂话有时就派上了用场。

第五节　学会智慧呼吸

我们所得到的许多教训，都是从我们的错误和失败中学来的。过去的错误便是将来的智慧与成功。　　　（卡耐基语录）

习惯是一个人思想和行为的领导者。每一个重复的动作，都有养成习惯的可能；重复的次数越多，动作也就越成熟。

（卡耐基语录）

挺直的身躯自然而然就将你生命力中心的肌肉摆在可能的最佳位置，以供应你支持一个美妙的声音所需的固定呼气。

（卡耐基语录）

1. 智慧的呼吸

正确呼吸的第一步是要有正确的姿势。实际上，正确的呼吸姿势使别人看来要年轻十岁，也使你显得更加漂亮。要是浑圆的肩膀和松垂的腹部能帮助说话，那么，人们一定会毫不犹豫地想拥有一副浑圆的肩膀与松垂的腹部。然而实际却是，挺直的身躯自然而然就将你生命力中心的肌肉摆在可能的最佳位置，以供应你支持一个美妙的声音所需要的固定呼气，请遵照教友派的心诀：抬头，举颏；挺胸，收腹。

附带一提的是：这条戒律不适用于少年与儿童。假如你有个未满九岁的孩子，千万别因为他无法挺肩、收腹而斥责他。他做不到，他不得不鼓着肚子，因为他的骨盆结构还容不下肚腹。

2. 姿势的重要

如果你未满九岁，就应该搁下本书到外边去玩耍，要是你已经满九岁了，那么，从此刻起，就应当把头抬得高一些，背也挺得直一些。这就是“领袖姿势”，这对于你的声音及精神均有裨益。莎士比亚说过：“悲伤非常骄傲，因此使他的主人佝偻了。”要是你拒绝佝偻在你身上，那么，你就应当将悲伤踩在脚底下。

读这本书时，你是否弯腰驼背，上脊椎骨已抵靠在椅背上？如果是这样，那么，你的动力中心早已经松弛。摸摸你的中央，看看是否松软无力？你的腰部后陷，躯干及脖颈却紧张着——产生了对声音最不理想的呼吸辅助。

请用“领袖姿势”来代替弯腰驼背，这种姿势毫不神秘。

有一位掌管公司兼并事务的副总裁来找语言训练专家，因为他在会议及讨论时说话的效果不佳，所以他缺少权威。从他刚刚跨进会议室，问题就来了。他的双肩紧紧并靠下垂，令人感到紧窄，他的姿势就表明了“胆怯”而非“强权”。“领袖姿势”使他完全改变了面貌，他的肩膀好像变得宽了，整个人都显得泰然自若，声音沉着多了，也更富权威，更加悦耳了。仅仅是把肩膀扳平，挺直坐正，便让他完全摆脱了畏首畏尾的形象。

另外的一位女子的问题是往下陷坐，她总是斜倚在椅子中，两腿交叠着缩坐在那里。她的焦点是裹在皱缩上移裙子里的右臂，这个姿势让她看来真是一团糟。此外，交叠着的双腿妨碍了她的动力中心，对此，语言专家只需要花几分钟就能使她了解如何坐正，然后再上几课，使她养成习惯。现在在人们的眼中，她已经变成了一位端庄、迷人的少女，尽管她还没有开始上消除鼻音的课程，但是她的鼻音已经因为姿势的改进而消失了。

另一位学生，在她情绪不激动时，声音十分柔和悦耳。但是，当她一兴奋时，声音就会变得尖厉。专家说服她采用下脊椎骨抵靠在椅背的姿势来转移喉咙的紧张，有时，甚至让她用指甲抠住另一只手的手心，其最终目标是完全消除她的紧张。可是，这在一天之内是无法完成的。然而，由于紧张转移了，她可以保持声音的放松、脸部从容镇定。她将紧张藏之于内，使人无法察觉。

3. 良好姿势的规则

要是打算在一群人面前说话——或只是向一个朋友说话——请遵照教友派心诀：挺胸，收腹。

假如你是站着，还得再加一条：全身重量均匀分配于两足。

要是坐着：双脚平放地面，双腿不能交叠（交叠双腿还会妨碍血液循环）。

保持双“L”形（从侧面望）——脚与小腿形成一个“L”。大腿及躯干形成另一个“L”。

以下脊椎骨用力抵靠椅背，以帮助你的腹部，感受到生命力中心紧张起来，别再松垮！

有时因为需要相当大的音量，有些人会修改后一条规则。据一位专家所知，一位合唱团指挥曾令所有的团员都坐在椅子的前八英寸。他说保持“L”形的姿势坐在椅边，可以使他们的声音响亮、集中；要是叫他们靠后坐，他们就会松懈，原先如大炮般的声音也会变成玩具枪似的声音了。

姿势的规则，就如正确的呼吸规则一样，只要你娴熟，偶尔也可破例。据说玛丽娅·卡拉斯是俯躺在地上唱《托斯卡》中的咏叹调的，另一位歌唱家因而决定仰躺着唱《帕西瓦尔》中的咏叹调。她成功了——但那是由于她学会了如何运用辅助肌肉。保持平躺姿势时，那些肌肉必须多费好几倍的力量。（要想体会花费多少力量，不妨仰卧平躺，然后完全不借助双手的力量坐起来，再站起身）这个原则就好比一位诗人，一旦精通各类诗体，便可以写自由体了，他知道他在做什么。要是毕加索的图画激起你矫正的意念，请记住：毕加索是最具有天分的伟大画家。

因此，偶尔可以破例，但须记住：需先精通规则。如果真的破例，也得尽量赋予风格。

4. 如何运用横膈膜

如一位老牧师所说："你可以把思想注入话语中，也可以将心灵注入其中，但要是不使用横膈膜，你根本就不可能说话。"

告诉你一个对多数人都比较有效的方式，相信对你也会有效。

要找出能供给你发表活泼生动的演讲所需要的热力、活力、能力的活动中心肌肉，可以以双"L"形的姿势坐好，脊椎骨的后端靠住椅背，手掌心平压着肚脐上方三寸及胸腔下部的那块地方。然后站起来，坐下。重复一次，两次，三次。每一次你都能感到手掌下的肌肉收紧，医生称这块活动中心为"腹直肌和斜纹辅助肌"，演唱家称之为"丹田"。

以下有四种方法能够了解你的活动中心，并能供给说话声音有力的辅助：

（1）将双手掌贴靠墙壁，然后像在击剑似的，双脚前后分开站立，缓缓数到四，试着在此段时间内推墙壁。你能感觉到中间肌肉收紧，松弛一扫而空。

（2）用力握紧拳头，假设有个气球，缓缓地吐气，把它吹入空中，另一手压靠上腹肌肉，尽量扩张胸腔以下一带。吹气时，你会感到肌肉逐渐朝背部缩紧，让躯干中央变得平坦。

（3）裸身站在镜子前，如果你的姿态不良，肚腹就会像西瓜般地凸起，赘肉会松弛地垂挂在臀部上。现在采用“领袖姿势”，同时假想你在吹气球。再次瞧瞧你的肌肉如何紧张收缩，仿佛你后背的脊椎骨附近有什么东西在拉扯。这样会使你看起来年轻些，灵敏积极多了，也更苗条了。倘若你是男子，这个姿势会使你的皮带收紧两寸。

（4）想象你在推钢琴——或从井中打满满的一桶水——拉锚——反击一记网球——狠狠一击。缓缓地吐气，每个动作都很稳定，然后再留意呼吸辅助对腹部的效果。

5. 表达感情

即使你轻轻地说话，横膈膜和附近的肌肉仍然在辅助你说出每一个词。或者本应该如此。正确的姿势会使得那些肌肉完全地活动自如，这也是表达的首要条件。

当你必须以声音吸引室内某个人的注意或者吸引听众的注意力时，肌肉辅助也更强、更紧。你运用的肌肉和骑士用双腿夹紧马腹的肌肉相同。

表达感情并不是非得大喊大叫，那些向广大群众发表演说的政治候选人、体育教师、户外运动迷、领班、监督、教师、鸡尾酒会的来宾——这些人都往往狂喊乱叫而未能利用活力中心发出的大量传送力，结果，他们的喉咙疼痛、嘶哑。赫伯特·汉弗莱在竞选总统时就是这样。这种吵闹声从大到更大，再到最大，等于乐谱中的渐强符号，夹带着渐增的喉部紧张。声音不应该用力挤压，这种压迫力应该用来辅助声音。纵然身处一间相当拥挤喧嚣的房间，声音也能够毫不费力气地送到15英尺的距离之内——不过，你的后背肌得稍费些力。

6. 表达感情的呼吸方法

假如每天四到五次，每次五分钟，连续练习下列任何一项简易法则，必能很快地强化你的辅助肌肉，轻易地表达情意。（务必记得，要站着做这些运动，同时挺胸、缩腹，千万别深呼吸。）

法则一：蒸汽壶。

轻浅地吸一口气，缓缓呼出，同时发出嘘嘘之声，心算数目，看看你这口气能持续多久。不要一口气呼出，缓缓吐气，第一次应该可以支持到30秒，以后可以达到70秒。你会感觉到呼吸辅助的肌肉在收缩，越来越深。

法则二：计数。

轻吸一口气，缓缓吐气并尽快大声计数。第一次，试着数到四十（1——2——3——4——5——6——7——8——9——10，1——2——3——4——5——6——7——8——9——20，以此类推。）看看你能数到多少。80？100？120？（这是你唯一可以低语的机会，要好好把握。重点不在发出的声音，而是留意你的呼吸辅助。）像以往一样，你会发现每天都会有一点儿进步。（这些逐日增进的原则几乎对这些训练全都适用，去年夏天一位专家在宁静湖游泳，就发觉借着这种方式，竟使原来只能划水四十下的她，达到了一百二十五下。对她而言，那真是一项成就。）用不了几天，你就可以轻松地数到一百，最后，你该可以数到一百三十。继续下去，你就再也不必为呼吸辅助而担心了。

法则三：希金斯教授的蜡烛。

还记得《窈窕淑女》中希金斯教授显示伊丽莎白怎样以固定的气息朝蜡烛呵气，使烛光摇曳不定但却永不熄灭的那幕景象吗？

（1）假想你的食指是蜡烛，将手指伸到距离脸孔10英寸左右的地方，然后轻轻地向它吐气，同时，嘴巴保持吹口哨的唇形。要是无法确定呼吸究竟是否喷到手指，不妨将手指蘸湿，潮湿的手指会敏锐地觉察到通过的气流。

（2）将手指伸到18英寸左右的距离，然后朝之缓缓吐气。你会发现肌肉的紧张减少了许多，辅助增加了，就像你对15英尺开外的人说话一样。

手指距离越远，辅助越大。要使一臂之遥的烛光闪烁，得用腹股沟、大腿骨、臀部、后膝的肌肉，这些都会迫使横膈膜后移以供额外的传达。

法则四：大鼓。

将手放在胸腔下方，然后用咳嗽或大笑来探测你的生命力中心。现在，开始大声计数，每个数目前加上一个轻音："啊—— 一！啊——二！啊——三！"强调数目，别将"啊"及"一"断掉，连接起来，呼吸没有中断，努力念每个数目，试着发出如在用鼓槌敲大鼓的声音，你会发现呼吸辅助似乎是直接下达到腹股沟。

7. 额外收益

（1）出外散步的时候，不妨留神注意你慢慢呼一口气能走多远？一条街的三分之一？二分之一？

有一次，语言训练中心向一位爱尔兰修女推荐此法，她不断地练习到一口气能走完整条街为止。附带的效益是：她发现，她竟然不再害怕寒冷的气候了，她可以恢复长距离的散步。在此之前，她因为穿修女的道袍不够保暖而将其放弃了。

她刚开始来找专家是想替她去掉她的爱尔兰口音，实际上，那是种可爱的、轻快的口音，专家拒绝了。“我不能剥夺你那么可爱的口音，只有在口音妨碍他人注意或者让人无法听懂时我们才加以矫正。”

（2）假如你是个主妇，而且经常要爬台阶，那么，你一定会感谢现在提出的这个办法。尽量练习呼一口气爬完阶梯，你立刻就会发现你到这楼梯顶端时，不再是气喘吁吁、筋疲力尽了。要是你打高尔夫球，在爬坡时运用同样的技巧。一对夫妇经常在接近第十六球时——在一个陡坡顶——运用此法，他们是唯一能够保持着正常的呼吸并到达那里的人。

（3）继续保持呼一口气还有别的效益。它时常像魔术般神奇有效，例如，可以防止恶心。据医生们讲，原因是拉紧肌肉能抑制反向蠕动，而反向蠕动正是晕机、晕船的起因。要是你搭乘的飞机闯入乱流区，在驾驶员宣布系紧安全带时，你也应该拉紧自己的呼吸辅助。

（4）你还会发现一次连续长的呼气能减轻你的紧张不安（像正等待公开致辞或求职会谈等），效果不仅于此，它还能稳定惊慌的情绪，甚至能减少痛感，怀孕的妇女练习此法可以帮助他们轻松分娩。

（5）有一次，一位美丽的瑞典女子朝别人透露她保持光艳的秘密（长久以来，人们一直对她那身光泽的皮肤及永无匮乏的精力十分倾慕），她说：“我急促地吸一口气，跳入一缸冷水中。然后缓缓吐气，大声数到六十以上，吸一口气，再次重复，这就够了。我跳出来，奇妙的是我不但不颤抖，反而感到十分振奋。”

一位演员试了，效果比喝马提尼酒还好（当然，要是你的心脏有毛病，这可不一定适合）。

记住：

领袖姿势意味着强而有力的谈吐。

说话时动力中心永远要保持收缩，以辅助呼吸。

恰当地传达声音，而非喊叫。

选择对你最有效的呼吸原则，每天练习5分钟到10分钟，只要方便，不论何时何地均可实行。

第六节　旋律起伏的语言

学习的正当次序应该是这样，第一，学需要的；第二，有用的；第三，装饰的。如次序颠倒，则无异建筑大厦从顶层开始。

（卡耐基语录）

阅读的方式不一，有些书必须浅尝辄止，有些书必须囫囵吞枣，少数的书必须咀嚼再三、彻底消化。　（卡耐基语录）

我们的感情必须有表达的字眼儿，否则就会像云一样，除非化为雨点降落，否则绝不会开花结果，因此所有的内在感情都由表达的字眼儿表露出来。　（卡耐基语录）

1. 抑扬顿挫的语调

想一想，一张没有微笑、没有蹙眉、缺少情感火花的脸，眼睛没有神采，你是否会感觉这张脸相当呆板乏味？如果讲述缺乏音调、速度、表情及语言的变化，剩下的便毫无光彩了。你夺走了自己的热诚、温暖及人性。

如果你为演讲的单调所苦，也许是因为未能充分运用你的音调，试唱“哆来咪发唆”，然后再往上唱四五个音。只要能运用那么广的音域来说话，你的声音肯定会生动而充满活力。现在只唱“哆来咪发唆”——然后停止，这就是个狭窄的音域。也正是声音缺乏变化的原因，这种声音与大黄蜂发出的嗡嗡声所差无几，如能有十六音符的声音真美妙极了。

获得变化的方法是将欲强调的字眼儿降低声调说出。现在请以降低的声调念出下列字词：

高个子、矮个子、胖子、瘦子、高傲的家伙、冷漠的家伙、关切的家伙。

现在试着强调整个字词，念到关键时稍微加重，试念下列这段亨利·华德·华区的文章，不要以相同的尾音来收句：

除非思想已有表达的字眼儿，否则思想不清晰。我们必须写、说或实现我们的思想，否则思想就会停留在半迟滞的状态。我们的感情必须有表达的字眼儿，否则便会像云一样，除非化为雨点降落，否则绝不会开花结果，因此所有的内在感情都是由表达的字眼儿表露出来的。思想是含苞待放的花蕾，语言是盛开的花朵，行动是之后的果实。

停顿是另一项增加生动性的方法，如果运用得当可以增强语言的表达效果。在下列阿拉伯谚语中，你会不证自明地找到应当停顿的地方：

一个博学多闻且有自知之明的人
是个智者——追随他
一个博学多闻但无自知之明的人
是睡着了——唤醒他
既不博学多闻又乏自知之明的人
是个愚人——避开他
并非广博多闻但有自知之明的人
是个孩童——教导他

大声说："噢！我相信他肯定不会不这么做。"一次又一次地重述，每次强调的字都不相同。

你会发现这个平淡无奇的句子居然能产生无数寓意。变化强调之处，你会发现一句话有许多种组合方式（这便是以强调来增加生动性）。

用五种方式说"来啊！"这两个字——假想成：

（1）游泳者被逆流卷住，正在高声呼救。

（2）呼唤爱人到身旁来。

（3）有件急于告诉朋友的消息。

（4）军中的下士在对列兵说话。

（5）唤令犯错误孩子的父母。

下列不同寓意对电话里说"你好！"或"早安"（电话的另一端并不一定有人）。

（1）不管你是谁，很高兴你打电话来。

（2）我厌恶这个世界。

（3）我准备要痛快地聊一聊。

（4）我很忙，现在没空多聊，有什么话请立刻直说。

你能否说出"我爱你"，而令人感觉像是一个温馨的搂抱？说到“爱”时将你所有的爱意全部贯注其中，并使此字的音调比“我”字稍低，像这样“我爱你”。你不妨今晚便对你的爱人试验一下，依循你所想表达的意念来增加行动：

“我爱你。”（没有你，我活不下去！）
“我爱你。”（你使每件事都充满乐趣。）
“我爱你。”（你难道不明白吗？你这个傻瓜！）

希望广义地运用“爱”，这种习惯也许是演员在夜总会中献唱养成的。一旦有听众温暖地给予回报，他们就不得不说。

读报纸不仅可以帮助你检查声音是否单调，还可以矫正此项缺陷。要是你有一台录音机，请大声念一篇社论并录下，听听你念社论是否像在念一张购物的清单？现在重读那篇社论，真正念出字句的意思，强调所有的形容词，不时加强整个词句，尤其最重要的字眼儿要达到强调的巅峰。变化速度时快时慢，找出适当的停顿之处。现在再听听你的录音，那篇社论听起来是否有趣多了？

多读一些优美的名作或演讲，下面是约翰·肯尼迪就职演说中的一段：

对于半个地球中生活于草屋茅舍，为挣脱悲苦的生活而奋斗的民族，任何必要之时我们应尽我们最大的努力协助他们自助——不是因为共产党可能会这么做，而是因为这是对的。要是一个社会无法帮助大部分的穷人，肯定也无法去解救那些寥寥无几的有钱人。

如果缺乏色彩，这段文章就会像二年级的课本一样单调，记得形容词是演讲者的最佳密友，应当正确地运用与强调。现在，在你认为需强调的字词下划线，然后重读这段文章。观察那些强调的字词，怎样使前后的字眼儿发出光泽，你会发觉整段行文都如同经过了一次蜕变，突然复活过来，引人注目。

诸位，我已年迈体衰，此刻已无力多说，但义愤填膺，使我按捺不住。要是面对如此荒谬横暴的规则，而不将我自身对此无尽的憎厌喊出来，今夕我将无法成眠，亦无法安躺在枕席上。

试想你就是威廉·彼特——充满信念、义愤填膺，怎样才能使这些伟大的字句栩栩如生呢?

2. 词汇

即便是最清晰、最富变化的速度也无法弥补单调词汇的缺憾。也许有一阵，你能以声音的腔调来含蕴原来没有的意义，也许能使沉闷的词有趣，但不用多时人们便会明白：生动的声音应与生动的词汇相辅相成。

词语富于变化、增进自信与吸收新知识的最佳之策，便是逐步吸收新词汇。在你接触到一些新词时，应该先去查一下字典。要是你觉得这些词可能有用，便可练习运用，直到你对这个词的意义完全了解，而且能自然而然脱口而出。如果你已能熟练地运用，那么以后便在适当的场合尽量应用，但要避免使用听众不熟悉的词，因为你的目的是沟通，而不是炫耀。

阅读是增加词汇的最佳之道，原因之一是你一定会遇到一些生词，也因为这些新词前后可能都是你所熟悉的词。这为你提供了一些了解词义的线索。

丰富的词汇并非唯一的标准，问题并非词语的多寡，而是你如何以化腐朽为神奇的方式来运用这些词汇，也许你的词汇十分广博，但听来依然像一潭死水般乏味异常。

“一潭死水”这个说法风行起来的最初原因是对乏味沉闷最生动明白的描述字词。

然而时代变了，今天的人们对一潭死水感到非常陌生，因此这类字词就像使用多年的刀刃一样，已经锈了，要是不重磨，以后就得买新的来用了。

语言中充满了许多陈旧、乏味的字词，但只要稍微变化就会重生。在某一时期的委婉说法在另一时期的人看来也许十分荒谬可笑。海利·葛登便举下列的例子说明我们不如以往那么谦虚了——或者说变得坦白了，如果你喜欢这种说法。

1856年：她取消了所有的社交应酬。

1880年：她处于一种有趣的情况中。

1895年：她在一种微妙的情况下。

1910年：她在编织小衣物。

1920年：她快添丁了。

1925年：她有喜了。

3. 避免冗长的词语

最令人厌恶的语言习惯就是运用许多读者、听众均不熟悉的生僻词语，仅仅为了制造印象。

一位大学者可以信手拈来许多高深的字词，大诗人也能随意造字用词，要是约翰博士愿意谈论忧郁，他有此项权利，他了解他的听众，他正在对他自己那个时代的人说话。那些人对希腊、拉丁字根本就像现代人对朋友的电话号码一样熟悉。又如丘吉尔尽管常用些夸张的字词自娱，但在紧要关头他以英文说道："我们应在沙滩奋战，我们应在田野街道奋战，我们应在飞机场奋战，我们应在山冈奋战，我们绝不投降——"我在整段话中找到唯一的外来语是"投降"——也就是丘吉尔认为绝不考虑的那个念头。

奥斯卡·汉莫斯坦以我时常在《国王与我》一剧中唱的一段歌词，获取所有女人的芳心："可能他并不一定总是百依百顺地说出希望他说的话，然而他却会不时说出一些美妙的话语。"

每个词语都有三个方面：读、写、说。一般来说，阅读的词汇要比平常谈话用到的字多三倍以上，写作的词汇大约在两者之间，因人而异。

留意观察赋予机会时语言会变得活泼生动，信马由缰，以脚跟轻拍，马儿就飞奔出发了。《珠玑集》是阅读者文摘中妙趣横生的一个重要栏目，里面往常会有下列这样的如珠隽语：

我们驶过一里又一里的路。
这是那种你一放下就再也不会拿起来的书。
这个想法就如同幼儿园里的麻疹一样传开了。
冻得牙齿打战的小溪。
掘金者——女人。

一位女演员在百老汇演出《罗珊琳达》中有一场景脱下六件不同颜色的衬裙，只着老式内衣，她从来不以同样的顺序穿衬裙；乐队团员总会打赌，最后那件到底是啥颜色，于是她就同时与观众、乐队玩游戏。

你也可以变化字句，创造自己独特的用词，并不一定很精巧复杂。假如你自己无法创造生动的词汇（亦不必因此而自惭，没有多少人能够做到这一点），可以在一段话中不时加入一些适当的引语、轶事、格言，这些大都可以在报纸、书刊、杂志里找到，你不妨从现在开始收集，记录在卡片上。

说话时要清晰、专心、生动。

记住：

别小气——运用说话音域中的所有音高。

运用低音来强调形容词，以此增加生动性。

以注意字义、速度、追求效果的停顿来增加生动性。

读一篇名作以录音机录下，仔细倾听，找出并改正你的错误。

定量增加词汇，查阅不熟的字词，使之成为你的词汇。

第七节　迷人的口才

言辞是行动的影子。一篇美好的言辞并不能抹杀一件坏的行为，而一件好的行为也不能为诽谤所玷污。（卡耐基语录）

风趣的语言带来了意想不到的效果，所以掌握语言技能在日常生活中显得异常重要，只要潜心学习，就一定会成功。

（卡耐基语录）

1. 平静的谈吐

有这样一则事例：

一家大报的广告部经理给语言中心打来电话："你们是否能帮助我保留一位女工的工作？"他问道："她六十多岁，以往担任我的秘书有十五年之久了，我非常喜欢她，可是，她的说话速度快得令我跟不上。几年前，我并不会像现在这样地在意。可是，工作的压力已越来越重。她的声音对我的刺激也越来越大。我并不想辞退她，可是，要是她不能放慢说话的速度，我只好让她离开，以保持自己的神志清醒了。"

当他的秘书到语言中心这儿来和专家见面时，专家对她的难处颇有同感，但专家也同情这位女士的困难。忙碌，忙碌。截止日期，危机难关，她将声音的速度与一天的节奏配合。她说得太快常常会漏去整个音节。

在开始指导她运用"减速"的技巧之前，先开了药方：做卡片，要她贴在电话上或其他能引起她注意的地方，上面写着"慢，勿跳"。

因为她就如同大部分说话快速的人们一样，话语跳得很厉害，专家特别强调要她将一句话中的字词串联起来。

三周内她非常注意自己的语速，慢慢地，可喜的宁静降临了她的办公室，有一天，这位广告经理又打电话来了，"以前她说话听来就像一阵冰雹落在屋顶。"他快活地说，"现在，她说话就像小溪一样潺潺轻唱！"（到底不愧是广告界的！）

第二天，轮到他的秘书打电话来了，她高兴地说："我真像登上了九重天，布兰克先生说我说话听起来再也不像是架机关枪了！"

2. 滑音与断音

音乐中有两个重要的术语，那就是“滑音”和“断音”。滑音是连续的音调，没有停顿，圆滑平顺；断音是连续的音，唱时截短或分开。

谈话不一定能绝对划分为滑音或断音两种，然而，你停顿的次数越多，声音听起来就越令人不舒服，以滑音说话的人就是把句子分割成字，又把字分成零碎部分。

你说起话来是否像一辆旧车在颠簸的路上那样一顿一顿？“我们的——厨房——的确需要——整修了。”这就是断音。

3. 速度

与快速说话相反的是那些永远用慢档说话的男男女女。

一位推销员来找语言中心的专家，因为他发觉自己经常无法把说的话在限定的时间内说完。他可能会跑了一百英里的路程到一位顾客的家中，却发现他只有十五分钟的时间来介绍他的产品。他必须学会安排该说的话，这样，必要时，他就可以缩短话语而不影响句子的力量。更要紧的是，他得学会如何调整速度配合情况，而不致丧失说话的清晰及说服性。在他开始练习调整声速之前，一般人只需要十分钟就可以轻易地讨论完的问题，他却要花十五分钟。现在，必要的话，他可以在十分钟内有效地讨论别人要花费二十分钟的问题，他能够随意地加快或减慢速度。

因此，声音的调适有双重效果，假如你的说话速度太快，下列方法可以使你减慢，反之亦然：

（1）从一数到十，第一次在五秒钟之内说完，第二次十秒，第三次二十秒。

（2）时常练习高声朗诵报纸上的社论，先用铅笔将你认为要连续的字词做个记号，朗读时，一面移动铅笔，一面引导你的声音。如果觉得你平常的速度太慢，就加快一些；如果太快，就放慢些。

（3）以录音机录音，然后倒回重放，检核自己的速度，是否流畅？是否跳顿？

（4）录下好的新闻报告。试着模仿他们的语速，体会话语的顺畅。

一些南方的行政主管们发现，尽管他们的说话速度对南方人十分恰当，但到了北方，就显得像乌龟般地迟缓了，大多数的北方人都惜时如金，因此，说话的速度也快了许多。

经过训练之后，现在那些弗吉尼亚人已经可以依照情况的需要，随意调整他们说话的速度了。他们对这个进步感到十分喜悦。

一旦你能把握你的语言，它就会乖乖地听你驾驭了。

你可以缓和速度以配合听众的需要，你可以依照一天的情况、听众的构成、演讲的气氛来调整声音速度，说话速度随着商场、社交场合、星期一到周末、午餐到晚餐、从面对面的谈话到打电话而变异，各个时间、场合的说话速度亦随之不同。

你的说话速度没有必要如河马一样迟缓，既不要太快也不要太慢，重要的是顺畅无碍。

记住：

以最适合你当时情况的速度说话，别同机关枪似的那样快，也别像蜗牛似的那么慢。

留意无线电广播和电视中好的新闻报道，然后利用录音机来检查你自己的讲话速度。

说话要注意保持连贯与顺畅，不要跳顿。

4. 谈笑风生的魅力

有人问一个人在政界中怎样处世，罗斯福回答：

“带大棍子，小声说话。”

风趣的语言会带来意想不到的效果，因此掌握语言技能在日常生活中显得十分重要，只要潜心学习，一定会成功。

我们再看看下面的例子。

1858年，林肯在竞选中击败了他的对手道格拉斯，其实林肯口才远比不上道格拉斯，相貌也极其一般，但当道格拉斯攻击他是两面派时，林肯巧妙地运用了语言。

他说：“这个问题还是留给听众来决定吧。假如我真的有两张面孔的话，还用得着老是带着这张并不英俊的脸吗？”

这就是说话的魅力，可想而知，只要说错一句，或者针锋相对，林肯还能赢得听众的赞赏吗？语言的确是一门艺术，也是一门学问，可以使你的人生完全改观，也可以让你魅力倍增。

谈话技巧因人而异，然而我们坚决反对以辞藻为重心的论点。若有人说：“我们必须把话说得漂漂亮亮，唯有这样才能使我们左右逢源。”言下之意，似乎在说：“要想在社会上混出个名堂，不是伶牙俐齿的人，就休想飞黄腾达。”这话乍听之下颇有道理，所以有所谓的商业训练班出现，教人怎样把话说得完美无瑕，如何运用交际手腕以求拉到更多客户。

其实事实上并不是这样，但是很显然地，一切不了解真相者，总以为能营造良好的谈话气氛的人，一般都来自特殊的专门训练。有人奇怪地问：指导老师法学出身怎会教谈吐的课程？也有人好奇地问：有专门教人说话的技巧没有？

方法也好，技巧也好，有何差别？回答说是，问题又来了："是吗？还在教说话技巧啊？那么你们对待女人应该总有一套啰？"

这种人的想法是：以为光靠嘴巴就能走天下，认为只要会说好听的话，就能处处吃香。也许有人抱着"我要把话说得好听些"的动机，去找老师学习，若问他为什么学口才，其回答多是："我要用最美妙的声调，把最完美的词藻说出来，让别人对我刮目相看。"其实语言的积累是在日常生活中慢慢得来的，并非一日之功。所谓积累，就是汲取先人的精华，多听多学。

第八节　善用精妙语言

所谓大师，就是这样的人：他们用自己的眼睛去看别人见过的东西，在别人司空见惯的东西上可以发现出美来。

（卡耐基语录）

言语或者其他属性的东西，必须和事物的本质一致，若使本质去顺随言语，这乃变成本末倒置。因为是先有事物，然后才有了言语。（卡耐基语录）

文明社会保证你的自由就是语言的自由，你在语言上的存在空间将比你在现实生活里大得多。（卡耐基语录）

在社交活动时，经常用一些带有吸引人的语言——魅力语言——处理事情也能达到事半功倍的效果。在此时，你会知道，语言为何变得如此“诱人”、如此“美丽”。“语言”是一种生活，又是一种工具，现代社会说的是“法律”而不相信“自律”，现代人越来越被动地适应社会的需要，自我控制、自我调节、自我约束的观念在人们的意识中非常深刻，严重伤害了自由的人性，我们必须很好地调整这种状况。

语言没有固定的角色。在语言的层面上，人是绝对自由的，它没有年龄、性别、高低、贵贱之分；文明社会保证你的自由就是语言的自由，你在语言上的存在空间将比你在现实生活中大得多，你的理想，你的愿望，在现实生活中不一定能够实现，或者在生活中根本没有啥幸福快乐可言，那么在语言上一定会有，也一定能通过语言得到补偿。因为幸福没有“量”可言，幸福的“质”体现在快乐上，语言的快乐与其他的快乐方式，没有本质的区别，且是一种更深层次的快感。

为了获得这种快感，女人往往愿意为此付出很高的代价，政客却正好与此相反，他所操着的美丽的谎言是没有半点快乐的，但是却可以帮助他们达到目的，尽管他们在编造美丽的谎言时，挖空心思绞尽脑汁，但对于他们的目的来说，是十分合算的，如果说职业政客们也是“企业家”的话，那么他们成功的“投资”就是最美丽的谎言。

所以说，要开口讲话，就要想一想政客与女人，不要像很多有“开口欲”的女人，为了说话的快乐最终付出许多东西（男人在这一点上不如女人明显，因为男人都有吹牛的毛病，没有强烈地要求兑现的期待，也不在意对方是否认真倾听），要将说话当作一种投资，少讲真心话，多讲漂亮的话，只有那些中听的话或美好的许诺，听者才会有受益的感觉，甚至以为已经“得到”了许多东西，这就是政客的本领，与其为讲真心话而让人厌烦（在这里仍然举女人事例），不如讲漂亮话，更加受欢迎，更容易受益。

女人之所以爱讲话，家长里短，聊天谈心，是因为说话、演讲是符合快乐原则的，这种宣泄的快乐，是生理的自然属性。有目的地讲话（并不直接表现出生理的快感），迎合他人口味的表白，是需要有一点儿功底的。没有功底的人，开口漫无边际，离题太远（大多数人是越讲越远），有时绕了一个圈儿讲到了目的的对立面，才明白说错了话，太糊涂。

所以练一练嘴上功夫很有必要，不管是多么高水平的人，如果讲话信马由缰，肯定会出现这种结果。因为“真理再往前迈出一步就成了谬误”，并且还有“言多必败”之说，它们都很好地表明了语言的特征。假如你能换一个角度，就像政客那样讲最讨人喜欢的话，将语言当作一种投资，那你就会提醒自己，只要能达到目的，“投资”得越少越好，绝对不会讲错话，自然会节约语言，当然，为了达到目的，政客也是不惜浪费最美丽最动听的辞藻的。

为达到目的而操作的语言，虽然不直接表现为生理的快感，但最终实现的仍然是一种快乐。在第一个层面上是通过操作语言为达到目的而快乐；第二个层面上是操着一流的语言，因语言的高质量高效率，而欲望更高，为此带来了更多的实现快乐的机会，当然也有可能带来的是野心。在这我们不打算讨论野心的问题，我们只强调，语言的本质是快乐的，并且能够带来更多的快乐。要讲话就必须问一问自己，是准备像年轻成熟的女性那样为一时的快感而开口，还是像政客一样，为达到目的而开口，或是为达到目的的快乐而开口。

无论你是一个怎样的人，向政客讨教这一手，都是非常有必要的，即使你在师范学校教授的就是演讲与口才，或者是某营销机构的讲师，都应当明白政客“口技”的优势和独到的功能。因为他们最清楚一切事物都是相对的，他们就是为理想、为真理奋斗的人，他达到了目的就是真理战胜了谎言；如果没有达到目的，就是谎言战胜了真理，这种思维方式是政客式的思维方式，它教政客们百家争鸣、奔走呼号，也使政客们骇人听闻，大吹大擂，对此你不必有太多的担忧。

首先，你讲的话无论多么动听、多么迷人，税务官也不会要求你们纳税，能雄辩滔滔是20世纪末的艺术，噤若寒蝉是受迫害、受压迫的标志，无论你有多大的收获，也不会有人认为这是属于非法收入，只有“语言”的投资，才能够称得上有投入就一定会有产出。对现在的企业家、金融家来说，有投入就会有产出已成了谬误。

其次，你也不要担心不能兑现甜言蜜语，其实，没有多少语言是需要兑现的，越是美丽的语言越不容易兑现，这个“难”字并非是你做不到，而是他找不到要求兑现的机会，你说你愿意为别人摘下满天的星星，可谁会由于你的许诺而提出摘星星的要求呢？所以你不必害怕自己落个“口惠而实不至”的坏名声，因为只有口惠没有实，华丽、浮夸的语言，并不存在可能的“实”。“语言”的魅力就在“难”字上，它“难”倒的人不是夸大其词的人，可以毫不夸张地说它难倒的是所有的人。

以世界人民信赖的、伟大的民主主义者亚伯拉罕·林肯为例，林肯尽管出身贫寒，但最终成了美国第16位总统，成了伟大的民主主义政治家，并签署了著名的《解放宣言》，被人们称赞为“新时代国家统治者的楷模”。他生平第一次政治演说就是为了当选伊利诺伊州制宪会议的议员，为了实现愿望，他对自己的同胞说：“我是贫民亚伯拉罕·林肯。我的主张像一支古老歌曲一样简短。我拥护建立国家银行，赞成改良内政制度与实行保护关税。”在他当上总统后实际上他并没有做到这些，也没人要求他去做。人们依然喜欢他，称他是“诚实的亚伯”“我的最善良的朋友”等，而且是“最有学问、最有智慧的朋友”。

这个一再谦虚地表示自己是出身贫寒的林肯，也遇到过贫民的挑衅，一次在前往华盛顿的路上，当专车途经匹兹堡时，弗里敦镇的一个挑煤工人在人群中大声喊道：“亚伯！人家说你是全国最高的人，但是我不相信你比我高。”林肯回答说：“你到这儿来，叫我们比比看。”这个穿着劳动服，满身灰垢的工人穿过人群走上前来，和总统背对背地站在一起——他们正好一样高，群众立即欢呼起来。林肯用比身高的办法巧妙地化解了一些普通人对他的不满，叫这些群众得到了某种心理上的满足，他能体会出把这个机会给一个挑煤工人的意义。

1863年7月1日，联邦军在葛底斯堡大会战中击败南军，扭转了战局。同年11月19日葛底斯堡举行国家烈士公墓落成典礼，林肯应邀发表演说。全文只有十句话，用了三分钟。当一个摄影记者手忙脚乱地做好准备时，林肯正讲到“民有、民治、民享”，演说到此结束，这位记者没有来得及摄下这个有意义的镜头。这篇号召为自由而献身的演说引起了轰动。美国报纸说他过去演讲时语病百出，这次完全出人意料，称其演说“感情深厚，措辞精练、朴实、优雅，行文完美无缺”，堪称演说的典范，是一篇誉满全球的演说词，将会“永垂青史”。

美国早期的总统亨利·哈里森在竞选时，也是不谈政策，仅提出蛊惑人心的口号，如“选上哈里森，一天就有两块钱，还有烤牛肉”等等。结果是在就职典礼时感染了风寒，后转为肺炎，一病不起，在职仅一月即病故，成了第一位在白宫去世、死于住所的总统。没人指责他们是骗子，因为此一时，彼一时，政治家们都精于此道，只担心功夫不到家。

不管美国的哪位政治家，要想爬上总统的宝座，往往都是在“和平与繁荣”的口号下，对选民做出种种许诺，如向妇女许诺当选后要给幼儿保育拨款，对老人答应取消社会保险金收入的限制，加强环保，改善医疗条件，不增税，平衡预算，提高教育质量等，总之一条，叫他做总统就有幸福美好的明天，专拣选民爱听的说。

第九节　建构语言磁场

辞令的第一要诀是：一个人要劝说别人怎样，就先要自己表现这样，那只有以他的生活力量才能达成。（卡耐基语录）

雄辩最伟大的秘诀是：精于脱离主题的技巧。雄辩家的目的不在于指出真实，他的主要目的在于说服对方。

（卡耐基语录）

在社会生活中，你想要使出你出众的交际能力来影响他人，或是要想写出一篇演说稿以真正打动听众的心，告诉你一个要诀：探求别人的意见，然后永远地牢记在自己心中。

（卡耐基语录）

成功的演说家大多是富有活力与精神抖擞的人，他们具有超人的爆发力，把他内心的情绪爆发出来，并强烈地感染着听众。这就是人们常说的演说要具有煽动性，具有能牢牢地吸引住听众，打动听众心弦的征服力。总之，演讲者要在演讲现场努力形成磁场一般的向心力。武器在哪里？在语言里！

首先你的语言必须不是废话，在法国，曾经有过这样一段故事：

有一个青年，向法国的著名哲学家伏尔泰喊道：我需要活着！但是，这位哲学家的回答竟是：我看不出你有活着的必要！

伏尔泰为什么做出如此令人意外的答复？事实上，以哲学家的态度来观察，这位青年的话没有讲的必要，它完全是一句废话。因此，如果你想成功，你非得先竭力使自己的话确有一吐的必要不可。

曾有过一位练习演说的人，他的脑子里也有不少精彩的题材。然而他每次讲起来，却总是死板而无生气的，原因在于他不能将藏在脑中的题材和他热烈的兴趣交织起来。换句话说，他缺乏一种精神的活力。他对自己要讲的，总感觉好像没有叙述的必要，自然，听众也就更感觉不出它的重要了。人们常常为此而提醒他改进，但结果毫无起色，所以只得请教专家。

专家提醒他，他所用的准备方法是错误的，专家告诫他，理智和情感必须进行互相沟通。在演说时，不应当只是报告一些事实，还要表明你对这些事实的态度和见解。

此后不久，这位练习者果然有了新的感觉，他可以将有价值的意见讲出来了，并可以以这意见来左右叙述事实时的语言情感。他成功了，原因在于他演说的时候能够满怀激情。

因此，准备一篇高质量的演说稿，绝不是将一些机械的字句写在纸上，也不是片面地记忆成语，或是在报纸杂志中摘取一些别人的佳句，而是应当从自己的内心深处，去发掘一些真正属于你自己的语句与热忱。要记住“属于你自己的！”你有这份潜力，只要你努力去发掘。

曾有这样一段故事：

有一次，一个乡下传道者。去问一位著名的牧师，如何在炎热的星期日下午，能使听教者不为睡魔所扰？那位牧师诙谐地回答说，只要叫人拿根棍子把那个传道者痛打一顿就行了。这滑稽吗？不，这确实是一个再好不过的办法。这短短两句话，教给讲演者的内涵是十分丰富的。

为什么呢？你也许清楚，有些艺人，都懂得登台之前先把自己刺激一下的重要。他们有的会蹦跳几下，有的会握紧拳头在空中乱舞几圈，也有的会自己拍打一下前额。体育运动员上场比赛之前，也得先自我刺激一下，使自己进入亢奋状态，从而发挥出水平。隔行不隔理，演说者也不例外，在登台前，不妨到室外或邻室去踱上几圈，做做深呼吸使全身血液畅流，等浑身精力似乎被调动了起来，就可稳健地走上讲台了。而在这些刺激动作之前，则要尽可能休息好，养精蓄锐，以便有足够的脑力和体力来应付台上那段时间。因此，你要引发出别人对你演说的兴趣，你得先把自己的激情调动起来，兴奋了自己，然后方可兴奋别人。

有许多人，他们之所以被人认为是口才拙笨，就是由于他们只谈论他们自己感兴趣的事情，而这些事情，也许别人不仅不感兴趣，而且还非常讨厌。假如反过来，你可以去引导别人谈论他们感觉有意思的事情，例如关于他的特长、他的成就等。假如对方是一位孩子的母亲，你不妨跟她谈谈她的孩子。你这样做，会给人家一种亲切的感觉。即使你的谈话不多，你的谈话也将被人认为是成功的。

有一个成功的广告商，也曾经用同样的策略，在他办公桌上，陈列了各种人的照片，分别代表他所要应付的几种典型人群，其中有农夫、商人、淑女、学生等，这样他的思想才得以常常集中在别人的种种问题及兴趣上，而不至于拘泥在自己观念中。

你如果讲述一些呆板的理论，说不定会令人生厌，你如果要只讲述一些普通的人与事，也不大容易抓住听众。

以小孩子为例，要使他们感兴趣，一定要说一些关于人的故事，如果讲一些抽象不切实际的事情，那七八岁的孩子会在座位上顽皮起来，不肯再听下去了。因为他们是孩子，缺乏理解的能力。可是第一次世界大战期间，在一个军队中进行智力测验，得出了一个惊人的结论：就是军队中美国兵的智力年龄，49%的人约只相当于十三岁左右的儿童。因此，如果一个人讲一篇趣味性的人类故事，他是不会失败的。

又如一般的演说家，讲述内容丰富的人生故事，那一定是十分动人的。演讲的人，应该提出不多的几条提纲，讲完之后，就引用实例来详加解释。要是可能的话，最好还要述说他们的奋斗史，讲他们怎样在奋斗中获得胜利的故事，因为“战斗”和“竞争”，是大多数人都感兴趣的内容。试想在许多言情电影中，放映到英雄克服了一切障碍，而且把爱人拥抱在怀里的时候，一般来说，观众都戴帽穿衣而预备散场了。这一个公式，差不多每部杂志上的言情小说都是按照这个方法而写的，读者读到并喜爱的那位男英雄或是女英雄都有一番热烈的奋斗而获得了成功。

一个人在事业上努力奋斗而获得成功的故事，肯定是永远动人的。世上最好的故事题材，是每一个人的真实经历。因为谁不曾有过奋斗和挣扎呢？假如他的故事是真实的，那么讲出来一定很动人，这是毫无疑问的。

在许多足以引人入胜的方法中，有一种十分重要的技巧，常常被人忽略了，即使是一个演说者，往往也不易感觉到，或是他们根本没有去思索过。这种技巧是啥呢？那便是所谓的“如画一般的字句”。

演说家会使他的话语如一种影像浮映在听众的眼前。不善讲话的演说者，只是笨拙地讲述一些模糊平淡而无声无色的东西使你昏昏欲睡。

英国大哲学家斯宝赛讲过，像图画般鲜明的文字，足以吸引人们的注意。在圣经中，在莎士比亚的名著里，构成像图画一般的名词，像围绕着苹果酒厂的蜜蜂一样众多。一般的作家，以为叙述某一件事是多余的，可是莎士比亚怎样表达与他同样的意思呢？他说：“把真金再镀一层，把百合再染色，把紫罗兰再洒上香水。”这真是如成语所说的那样，起到“画龙点睛”之效。

林肯是惯用视觉名词的。当他在白宫被长而繁的各种报告所困的时候，他说：“假如我派一个人去代我买一匹马，我并不希望他来报告我那匹马的尾毛共有几根。”这是一句生动得像画一般的字句，你能忘记吗？

一位编辑的经验将读者分成若干类别，然后派人与各类的读者交谈，征询他们在报纸中会注意些什么材料，最喜欢什么文字。然后将这些讯息加以综合分析，最后根据得出的结论去采访与编发新闻。他说："我们正在黑暗中射击一些变幻不定的东西，倘若我印发了一份适合我自己的晚报，那是绝不会畅销的！"

另一家报纸编辑则有这样的经验：

他常常混杂在熙熙攘攘的人群中，漫步在市井小巷听人们闲聊，或是在人群边驻足休息，很敏锐地静听他们谈话的内容，从而能发现一些具有轰动效应的新闻线索。

这些成功的人，都是像这样巧妙地运用各种方法，去研究他所要影响的那些人的，好像每一位商品生产者去潜心研究市场一般。在社会生活中，你要发挥出众的交际能力影响他人，或是写一篇演说稿以真正打动听众的心，告诉你一个要诀：征求别人的意见，然后永远牢记在自己心中。